Jogando a sério

CIP-BRASIL. CATALOGAÇÃO NA PUBLICAÇÃO
SINDICATO NACIONAL DOS EDITORES DE LIVROS, RJ

B386j

Bello, María Carmen
   Jogando a sério : o psicodrama no ensino, no trabalho e na comunidade / María Carmen Bello ; [tradução Paulo Bareicha]. – São Paulo : Ágora, 2018.
   216 p. : il.

   Tradução de: Jugando en serio
   Inclui bibliografia
   ISBN 978-85-7183-210-7

   1. Psicologia educacional. I. Bareicha, Paulo. II. Título.

18-47986   CDD: 370.15
                                            CDU: 37.015.3

Meri Gleice Rodrigues de Souza – Bibliotecária – CRB-7/6439

www.editoraagora.com.br

Compre em lugar de fotocopiar.
Cada real que você dá por um livro recompensa seus autores
e os convida a produzir mais sobre o tema;
incentiva seus editores a encomendar, traduzir e publicar
outras obras sobre o assunto;
e paga aos livreiros por estocar e levar até você livros
para a sua informação e o seu entretenimento.
Cada real que você dá pela fotocópia não autorizada de um livro
financia o crime
e ajuda a matar a produção intelectual de seu país.

Jogando a sério

O PSICODRAMA NO ENSINO, NO TRABALHO E NA COMUNIDADE

MARÍA CARMEN BELLO

EDITORA
ÁGORA

Do original em língua espanhola
JUGANDO EN SERIO
El psicodrama en la enseñanza, el trabajo y la comunidad
Copyright © 2002 by María Carmen Bello
Direitos desta tradução adquiridos por Summus Editorial

Editora executiva: **Soraia Bini Cury**
Assistente editorial: **Michelle Neris**
Tradutor: **Paulo Bareicha**
Capa: **Alberto Mateus**
Diagramação: **Crayon Editorial**
Impressão: **Sumago Gráfica Editorial**

Editora Ágora
Departamento editorial
Rua Itapicuru, 613 – 7º andar
05006-000 – São Paulo – SP
Fone: (11) 3872-3322
Fax: (11) 3872-7476
http://www.editoraagora.com.br
e-mail: agora@editoraagora.com.br

Atendimento ao consumidor
Summus Editorial
Fone: (11) 3865-9890

Vendas por atacado
Fone: (11) 3873-8638
Fax: (11) 3872-7476
e-mail: vendas@summus.com.br

Impresso no Brasil

*A Editora Ágora agradece a Regina Fourneaut Monteiro,
a Réo, pela dedicação com que revisou esta obra.
Sem sua energia e seu vasto conhecimento,
a publicação deste livro não teria sido possível.*

Sumário

PREFÁCIO 9

O PSICODRAMA: UM CONVITE PARA JOGAR A SÉRIO 13

INTRODUÇÃO: HISTÓRIA DE UMA PRÁTICA 19

1 APLICAÇÕES DO PSICODRAMA 27

2 A SOCIEDADE DO FUTURO: UM DESAFIO PARA O
PSICÓLOGO CLÍNICO 37

3 CRÔNICA DE UMA OFICINA SOBRE O FEMININO 43

4 PSICODRAMA PEDAGÓGICO: INTERVENÇÃO EM UMA
INSTITUIÇÃO DE ENSINO 61

5 HISTÓRIA DE UM GRUPO DO CURSO DE
PSICODRAMA PEDAGÓGICO 87

6 PSICODRAMA PEDAGÓGICO: O QUE ENSINO QUANDO ENSINO? 107

7 GESTÃO DE CONFLITOS NA EMPRESA 125

8 O PSICODRAMA NA FORMAÇÃO PROFISSIONAL 137

9 AS CRIANÇAS DE RUA: UMA EXPERIÊNCIA COM PSICODRAMA 151

10 CALEIDOSCÓPIO GRUPAL: FRONTEIRAS E PONTES ENTRE O
PSICODRAMA CLÍNICO E O PSICODRAMA PEDAGÓGICO 167

CONCLUSÕES 177

ANEXO: O QUE É PSICODRAMA?. 189

REFERÊNCIAS BIBLIOGRÁFICAS 213

Prefácio

MARÍA CARMEN BELLO, mais conhecida como Yuyo, é uma pessoa singular, assim como é singular o seu pensamento. Ela tem o frescor e o viço de seu apelido[1], que me remetem ao campo rioplatense, ao rancho, ao compatriota, à companhia agradável e reflexiva das montanhas, a um precioso tango que fala de madressilvas em flor, mas envolvidas nas cores e nos aromas do maravilhoso país dos mariachis.

Yuyo balança os ventos mexicanos, uruguaios e argentinos, e ultimamente também o brasileiro: é uma genuína intelectual latino-americana. Ela é selvagem, natural, mas com ideias de um refinamento e rigor científico que a confirmam como interlocutora interessantíssima que me nutre e me faz crescer com seus questionamentos.

Há muito tempo a conheço, mas somente há poucos anos mergulhamos uma na outra, compartilhando experiências e pensamentos sobre o psicodrama, o sociodrama, suas técnicas, os grupos – num enquadramento pedagógico, terapêutico, comunitário ou empresarial – e as predileções conceituais ou técnicas dos psicodramatistas dos diferentes países onde trabalhamos.

Prefaciar este livro é para mim uma honra que saboreio com prazer. Um dos temas que Yuyo aborda é central para o meu coração: *o psicodrama pedagógico* (como o chamamos na Argentina)

---

1. *Yuyo*, o apelido da autora, significa "erva" em quase todo o Cone Sul. Por isso o tango *Malena* diz: "*A yuyo del suburbio su voz perfuma*".

ou *aplicado* (como o chamam no Brasil) – ou *psicodrama educativo*, ou *psicodrama na educação*, ou *técnicas dramáticas na educação*. Outros o denominam simplificadamente *role-playing*.

María Alicia Romaña, pedagoga argentina, criou o *psicodrama pedagógico*: metodologia didática psicodramática orientada para a educação. Por fim, em 1969, no IV Congresso Internacional de Psicodrama, ocorrido em Buenos Aires, apresentou-o formalmente. Ali estava eu com meus 30 anos, participando pela primeira vez de uma dramatização didática – a qual mudou para sempre minha vida pessoal e profissional. Com ela dei meus primeiros passos na formação.

Posteriormente, Romaña continuou o desenvolvimento do que chamou de *método educativo psicodramático*, utilizando seus três níveis: o real, o simbólico e o da fantasia. Segundo ela, o psicodrama pedagógico dá nome a várias atividades: educação para a espontaneidade, técnicas de desenvolvimento de papéis e metodologia psicodramática. No Brasil, esses conceitos estão muito difundidos, visto que Romaña reside nesse país desde que se exilou, desenvolvendo incansavelmente seu pensamento há décadas.

De minha parte, segui meu caminho ao lado de colegas como Rachel Brocchi de Sangiácomo, Graciela Bustos de Espinosa e Dinah Rimoli, com quem publiquei, em meados dos anos 1970, nossas pesquisas. Dalmiro Bustos convidou-nos a acompanhá-lo em seu primeiro livro sobre psicodrama, o qual é hoje um manual clássico. Assim me nutri com os ensinamentos de Bustos como modelo masculino, somando a estes a sabedoria de Zerka Moreno e o estilo de Marcia Karp.

Com Yuyo participei dos encontros psicodramáticos da época. Bebíamos das mesmas fontes, ainda que com enfoques diferentes. Ao lado de Jaime Winkler, ela foi pioneira do psicodrama no México.

Em latim, "pioneiro" quer dizer "peão", pessoa que inicia a exploração em novas terras. Sim, Yuyo não só explora, mas também alude àquilo com que trabalha incansavelmente de manhã à

JOGANDO A SÉRIO

noite, levantando casas, arando a terra, dando água aos animais. Ser pioneiro requer ousadia, valentia, confiança, conhecimento e amor pela aventura.

Quem pisa pela primeira vez em terreno desconhecido sabe a que me refiro, conhece essa estranha sensação de pisar no novo – como a célebre foto da marca da bota na superfície poeirenta da lua. Yuyo é pioneira e em seu livro compartilha suas experiências de maneira vigorosa. Ri de si mesma com desembaraço; em alguns momentos, provocou em mim sonoras gargalhadas. Então descobri que, embora estivesse lendo uma obra de cunho profissional, estava me divertindo muito. Isso me pareceu maravilhoso. A melhor maneira de aprender é desfrutando.

E, imaginando que Moreno viesse a conhecer Yuyo, pensei que ele diria: "Que sorte, ela traz alegria ao psicodrama!" Não que o psicodrama não seja alegre – nós, psicodramatistas, sabemos bem que quando trabalhamos rimos bastante –, mas porque o livro de Yuyo chega envolvido em pensamentos gestados em leituras cuidadosas e reflexões autocríticas de uma verdadeira professora – que chega com desenhos divertidos, convida-nos a jogar a sério, e oferece inúmeras atividades em grupo, além de reflexões sobre temas diversos.

Seus questionamentos e pesquisas acerca do enfoque pedagógico nas dramatizações são um avanço. Yuyo trabalha cenas familiares quando essa temática aparece, fechando-as e trabalhando-as quando julga necessário. Essa prática se iniciou no momento em que ela se tornou psicanalista, psicodramatista clínica e psicodramatista didata.

Venho do outro lado da fronteira: sou professora especializada em psicodrama pedagógico. O *coro* que escuto me diz: qualquer tema pode ser abordado *unicamente* do ponto de vista pedagógico, seja ele uma luta, o assunto morte, um ponto geográfico, um tema psicodramático como a matriz de identidade etc.

A palavra *entre* define hoje um novo vínculo sociométrico com o conhecimento: *entre* a vida e a morte, *entre* a educação e a psicoterapia, *entre* o branco e o preto, *entre* o mestre e o terapeuta. É ao mesmo tempo uma coisa e não outra.

As bordas protegem, delimitam, discriminam, mas existem para ser descobertas, navegadas, conhecidas, ampliadas, anexadas, transformadas. No início do século 21, o olhar transdisciplinar percebe isso: são desafios, temas a desenvolver.

Temos a vida pela frente para compartilhar, cada qual partindo do que melhor sabe fazer. Para mim, o psicodrama é uma trilha aberta há 30 anos e Yuyo é uma das minhas interlocutoras e mestras prediletas. Deixo então ao leitor a aventura de conhecê-la. E, para os que a conhecem de seu livro anterior ou da vida real, resta-lhes somente abrir as páginas e ir ao seu encontro.

ELENA NOSEDA

O psicodrama: um convite para jogar a sério

Não se pode jogar xadrez
usando as regras
do jogo de damas

Somente depois de ter aprendido
a jogar xadrez
posso opinar sobre ele
e dizer que...

Espontaneidade não significa falta de regras.

...mas implica a recriação destas (como disse Dalmiro Bustos).

As regras desse jogo, se você quiser
jogar com Yuyo, são:

1. As peças do jogo nessa aprendizagem somos nós.

Vamos trabalhar com o pouco ou o muito
que cada um traz em si.

Porque não se
pode aprender
psicodrama
observando...

...nem apenas nos livros...
...nem nos livros (somente).

E porque todo assunto pessoal serve para trabalhar, não é necessário arrancar o coração.

2. Cada um se torna responsável por seus sentimentos.

É PROIBIDO:
- **Falar dos sentimentos dos demais** sob o método encobridor "eu sinto que você...".
- **Interpretar os demais.**
- **Ser desrespeitoso com os sentimentos de alguém.**
  É proibido "não estar de acordo" com o sentimento de alguém.

É PERMITIDO:

alegrar-se
irritar-se
sensualizar
entediar-se

e também não sentir nada ou não saber o que sente

Porque o psicodramatista parte do princípio de que não sabe nada de seu protagonista.
Porque cada dramatização abre um mundo desconhecido.
Porque tudo que pensamos saber é interferência.
Porque nossos conhecimentos e experiências são instrumentos, mas não substituem nossos olhos abertos, nossos ouvidos atentos, nossa disponibilidade para o desconhecido e nossa abertura para admitir que nossas hipóteses estavam equivocadas.

Se vejo um sorriso sei que o outro sorri. Nada mais. A maioria das pessoas sorri quando está contente. Mas há quem sorria quando está irritado ou entediado.

O jogo que oferecemos não é provavelmente:

o melhor
o único
o mais divertido
o mais impactante

o que você procurava
o mais útil
o que você sempre sonhou
nem o mais fácil

É um jogo que nós, com todos nossos defeitos, virtudes, limitações e possibilidades, aprendemos a jogar e se joga assim.

Depois de aprender você pode:

Antes não, porque o jogo que você abandonar, descartar, adotar, melhorar ou completar não será esse jogo, mas o que você imagina.

Então,

Introdução: história de uma prática

HÁ MUITOS ANOS, QUANDO comecei minha formação de psico-dramatista, eu ainda morava em Montevidéu, minha cidade natal. Meu professor de psicodrama, Dalmiro Bustos, organizava periodicamente encontros nos quais se reuniam sobretudo psico-dramatistas da Argentina e do Uruguai, além de alguns do Brasil.

Nesses encontros havia sempre uma sessão de psicodrama pedagógico; creio que se chamava assim. Era um grupo de pro-fessoras, quase todas mulheres, que corriam apressadas para suas reuniões privadas. Destacava-se Elena Noseda de Bustos, a espo-sa de Dalmiro. Ela sempre participava das plenárias e eu tinha de admitir que suas intervenções eram muito interessantes – ainda que, para mim, o verdadeiro psicodrama fosse o clínico, o tera-pêutico. Isso era algo que eu nem sequer questionava.

Quando cheguei ao México, descobri que ali o psicodrama era incipiente. Havia apenas um instituto dirigido por uma psicodrama-tista que logo foi morar nos Estados Unidos; e, em Guadalajara, um único psicodramatista formado por Moreno que conduzia alguns grupos de psicodrama. E era só. Comecei então com pequenos gru-pos de estudo e, em seguida, Jaime Winkler – meu companheiro desde então no psicodrama e na vida – e eu fundamos, em 1984, uma instituição dedicada à formação de psicodramatistas.

Nesse mesmo ano, quando oficializamos a instituição, que denominamos Escola Mexicana de Psicodrama e Sociometria, muita gente nos procurou em busca daquilo que lia nos livros, mas não existia como formação real. Nem todos eram psicólo-

MARÍA CARMEN BELLO

gos; havia assistentes sociais, gente do teatro e, claro, vários docentes e pedagogos. No entanto, predominavam os psicólogos e psiquiatras que queriam usar o psicodrama na psicoterapia.

Abrimos, então, dois grupos: um de psicodrama clínico e outro que chamamos, com muita empáfia, de "psicodrama aplicado". Digo com empáfia porque, afinal, de onde tiramos a ideia de que o psicodrama que não era clínico era *aplicado*? Era sem dúvida um preconceito, e também consequência de uma leitura um pouco superficial de Moreno, o criador do psicodrama; o certo é que me tomou muito tempo lê-lo com profundidade. Ainda não terminei de fazê-lo; sua bibliografia parece inesgotável: pode-se ler e reler e sempre se aprenderá algo mais. Claro que nunca deixei de estudar, e assim pude revisar junto com Jaime a questão do psicodrama *aplicado*.

Em 1989, fomos convidados a participar da Semana de Psicologia de uma universidade mexicana. Na ocasião, escrevi um pequeno artigo, que intitulei "Aplicações do psicodrama"[2], no qual revisava o termo e o analisava à luz da história do psicodrama, chamando de psicodrama *aplicado* o que adentrava outros campos que não o terapêutico ou clínico em geral.

No ano seguinte fui convidada a realizar uma conferência em outra universidade, num evento cujo tema foi "A sociedade do futuro: um desafio para o psicólogo clínico". Ao reler o que escrevi para a ocasião, vejo que eu abordava o tema do social, o trabalho interdisciplinar na psicologia, a importância do grupo... e voltava a falar do psicodrama aplicado.[3] O assunto tinha começado a girar na minha cabeça, na minha prática, na do Jaime e no meio em geral – porque o meio era, sem dúvida, nós e nossos estudantes em formação.

Além disso, fazia anos que Jaime trabalhava com um tema que ele abordara em sua tese de doutorado na França: a função do

---

2. Veja o Capítulo 1 deste livro.
3. Veja o Capítulo 2 deste livro.

JOGANDO A SÉRIO

psicólogo clínico e o uso do grupo operativo como espaço de reflexão sobre o papel da universidade. Aparentemente isso não tinha muita relação com o assunto, mas, à medida que Jaime se dedicava cada vez mais ao psicodrama, seus grupos de reflexão utilizavam mais o psicodrama e menos o grupo operativo. Eu participei, nossos alunos participaram, e ia ficando claro que esses grupos ocupavam o lugar de algo que não existia[4] na universidade. Abriu-se um novo espaço de reflexão sobre a formação até então oferecida.

De minha parte, eu trabalhara em grupos de psicodrama com temas específicos. Em determinado verão, quando desejávamos divulgar nossa escola de psicodrama, fizemos um extenso programa de oficinas de curta duração com diversos objetivos. Alguns eram grupos clínicos – que podiam ser chamados de psicoterapia breve, por ter tempo e objetivos limitados, como a infertilidade e o sobrepeso. Outros eram grupos de estudo, com temas como psicopatologia e psicodrama, ou "sonhos e psicodrama". Outros eram simplesmente oficinas que aglutinavam seus integrantes ao redor de um tema: os solteiros ou a feminilidade, por exemplo. Algo parecido com o que Dalmiro Bustos (1985, p. 124) denomina grupos "ser" (ser terapeuta, ser separado, ser mulher, ser...). Eram grupos de reflexão coordenados com técnicas dramáticas.

Naquela época (1990), jamais me perguntei se estava trabalhando com psicodrama pedagógico ou com psicodrama clínico nesses grupos de reflexão. Com o tempo, as oficinas de feminilidade e masculinidade se popularizariam no México – agora são oficinas de gênero –, coordenadas por antropólogos e por feministas de diversas formações. Em certa ocasião, ouvi uma conhecida feminista mexicana dizer que "a psicoterapia tem demonstrado sua insuficiência", razão pela qual pululam grupos

---

4. Ou talvez tenha existido e foi abandonado, assim como se abandonaram tantas coisas úteis dos anos 1970.

de autoajuda e oficinas sobre o masculino e o feminino como alternativas à terapia. Isso me fez pensar que os grupos de reflexão constituíam a área pedagógica para os clínicos, ao mesmo tempo que eram o campo mais próximo do terapêutico para o resto dos profissionais.

Ainda guardo um caderno em cuja capa há um belo desenho, entre surrealista e *naïf*, de uma jovem de chapéu e vestido transparente assistindo ao pôr do sol junto do mar. Ali transcrevi à mão e com esmero a crônica de uma dessas "oficinas de feminilidade", que guardo como a mais íntima recordação. Ainda não tinha chegado para mim a era dos computadores.[5]

Em 1991, começamos a dar aulas de psicodrama em uma instituição que formava psicoterapeutas de grupo. O objetivo era dar aos estudantes noções de psicodrama; todos eram profissionais graduados que faziam especialização. Na realidade, porém, os objetivos desse curso foram mudando: mais que ensinar psicodrama, trabalhávamos cada vez mais com o grupo, com sua relação com a instituição e com o papel que exerceriam quando terminassem a formação.

Em 1993, uma universidade nos chamou para fazer um trabalho psicodramático com uma turma-piloto de alunos que apresentava problemas grupais[6]. Era a primeira vez que uma instituição de ensino nos solicitava uma intervenção.

Em 1994, Elena viajou com Bustos para o México. Outra universidade solicitou que ela desse um curso de psicodrama pedagógico organizado em coordenação com nossa escola: era uma oficina breve, de três dias. Lamentavelmente, a data coincidia com o curso de psicodrama clínico que Bustos daria em outra instituição. Jaime e eu conversamos sobre quem iria a qual evento. Então me dei conta de que nunca tinha estado em uma oficina de psicodrama pedagógico propriamente dita e expressei minha

---

5. Transcrevo essa crônica na íntegra, quase sem comentários, no Capítulo 3.

6. Veja o Capítulo 4 deste livro.

JOGANDO A SÉRIO

curiosidade. Teria sido mais lógico que Jaime fosse ao curso de Elena, pois ele tinha um campo de ação mais amplo: já estava explorando o trabalho com empresas e tinha muitos mais anos de trabalho na universidade, enquanto eu me definia como "uma clínica roxa". No entanto, resolvi participar da oficina da Elena.

Foi uma experiência comovente, emocionante. Havia poucos psicólogos (claro, todos estavam com Dalmiro), mas muitos professores e pedagogos. O tema principal foi Chiapas. Era o momento de crise dos problemas políticos e sociais naquela região do México. Eu adorei, nunca me arrependi da decisão.

Depois, pensando melhor, independentemente da maestria e da sensibilidade com que Elena coordenou o grupo, eu não sabia distinguir o que fazia Elena daquilo que eu e os demais psicodramatistas fazíamos. Elena tinha seguido as expectativas grupais – que, sobretudo, abordavam temas sociais, e não assuntos dirigidos especificamente à docência. Quando chegava a algum tópico pessoal, Elena o trabalhava sutilmente, como se pusesse um biombo esmerilado entre o protagonista e o grupo: percebíamos que algo acontecia, sentíamos intensamente, mas não sabíamos o que era.

Antes de ir embora, ela me deu um livro sobre o método educativo psicodramático em português (Romaña, 1992). Deve ter sido pela minha insistência em perguntar: "Então, mas o que é psicodrama pedagógico?" e "Mas que diferença tem quando alguém trabalha com um grupo não terapêutico?" Embora eu tivesse lido alguns textos de Elena sobre o assunto, eles estavam direcionados ao ensino. Para mim, a diferença ainda não era tão clara. Não poderia o psicodrama pedagógico ser um método mais abrangente que abordasse todos os temas e interações surgidos no grupo?

Elena foi embora, e na universidade me disseram:

— Bom, agora temos de continuar com o curso. Aqui tem muita gente que quer aprender psicodrama pedagógico.

— E quem vai ensinar-lhes? — perguntei.

— Você... ou você e o Jaime, como quiserem. Existe outra pessoa no México que possa fazê-lo?

Quando tentei argumentar, responderam:

— Bom, você ensina psicodrama com psicodrama, como sempre fez, e as pessoas que o apliquem ao próprio trabalho da melhor maneira possível. Ensinar psicodrama com psicodrama é psicodrama pedagógico, não?

Bom argumento. Não consegui pensar em mais nada para dizer. Desejei que Elena não ficasse sabendo. Devorei o livro que ela me deu e fui dar aula com a cara e a coragem, como em outras vezes. Assim começaram os diplomados de psicodrama pedagógico no México.

Como me sentia um pouco insegura e como a universidade tem uma série de exigências relativas a programas, módulos e outros detalhes, elaborei um desenho e decidi trabalhar de forma mais estruturada que de costume. Fiz um programa sequencial com os pontos do psicodrama que mais podiam interessar aos pedagogos e professores.

Os cursos foram muito produtivos: quase todos os participantes em algum momento haviam se aventurado no teatro e já tinham feito experimentos teatrais na docência. O psicodrama os enriquecia nessa prática e oferecia teoria e técnica para perceberem o que acontecia. Registrei todas as aulas e pedi aos alunos que também o fizessem, para que pudessem repensar o vivido; dessa maneira obtive crônicas completas de grupos cujo objetivo era aprender psicodrama pedagógico.[7]

O interessante é que ministramos as aulas com o mesmo esquema de trabalho e ainda assim todas as crônicas são únicas, pois cada grupo construiu sua história; cada grupo estabeleceu uma relação diferente comigo e determinou objetivos que transcenderam aqueles explícitos no curso. Os grupos em que mais encontrei dificuldades nesse sentido, porque

---

7. Veja o Capítulo 5.

JOGANDO A SÉRIO

tendiam a impor objetivos próprios, foram aqueles com os quais mais aprendi[8].

Por sua vez, Jaime foi direcionando sua prática para as relações humanas dentro de empresas e instituições. Ele desenvolveu habilidades na consultoria, campo que não segui, mas acompanhei de perto. Fomo-nos especializando em cursos (que sempre se transformam em intervenções grupais) de gestão de conflitos[9], formação de equipes, uso do teste sociométrico nas empresas e verdadeiros trabalhos de encontro, ao mais puro (na minha opinião) estilo moreniano, entre pessoas que precisam trabalhar juntas e têm dificuldades relacionais.

Além de ter lugar na Faculdade de Psicologia e na formação de psicoterapeutas, a reflexão sobre o papel do psicólogo foi aparecendo em oficinas em outras universidades – e, com ela, surgiu a oportunidade de trabalhar o psicodrama pedagógico com grupos grandes.[10]

Outros trabalhos com grupos, para mim, são inclassificáveis. Não por não saber se se trata ou não de psicodrama pedagógico, que é o de menos, mas porque neles a dor desempenha um papel que obscurece meu entendimento. Refiro-me sobretudo à minha participação em uma pesquisa sobre os meninos de rua.[11]

Em minha prática clínica, que nunca foi interrompida, o grupo foi assumindo o lugar de protagonista. Eu não saberia dizer se essa influência veio de meu trabalho com grupos terapêuticos e não terapêuticos, mas posso dizer que o grupo é o que dá consistência ao meu trabalho com psicodrama.

Em 1998, quando Elena regressou ao México, atrevi-me a conversar longamente com ela sobre o que estava fazendo. Trocamos artigos e ela me chamou de "colega". Então ela traba-

---

8. Veja o Capítulo 6.
9. Veja o Capítulo 7.
10. Veja o Capítulo 8.
11. Veja o Capítulo 9.

lhou com nossos estudantes em formação e depois tivemos um longo papo, do qual surgiram inúmeras inquietações.

Um dos assuntos polêmicos no psicodrama é o das fronteiras entre o clínico e o pedagógico. Questionei a máxima de que "não se pode trabalhar com cenas regressivas em psicodrama pedagógico." Elena disse que era um bom tema de discussão e escrevi um artigo para iniciá-la.[12]

Neste livro reúno todos esses artigos. Eles são o testemunho de minha exploração em um terreno no qual primeiro me senti intrusa e para o qual hoje, em outra posição, desejo contribuir. Todos eles narram uma história, uma boa parte da minha história como psicodramatista.

Para aqueles cujo primeiro encontro com o psicodrama é este livro, incluí o anexo "O que é o psicodrama", que contém informações básicas e resumidas sobre o tema. Pode chamar atenção o fato de essas informações estarem no fim do livro e não no início dele. Como explico nas Conclusões, é uma maneira de respeitar a sequência do psicodrama: primeiro a experiência e depois a conceituação, primeiro a ação e depois as palavras. Fica a critério do leitor, claro, aceitar a proposta ou inverter a ordem de leitura.

---

12. Veja o Capítulo 10.

1. Aplicações do psicodrama

APLICAÇÕES DO PSICODRAMA?

Depois de escolher o título deste capítulo, fiquei pensando se realmente se pode falar de aplicações do psicodrama. É certo que na Escola Mexicana de Psicodrama, a qual represento, falamos com frequência de psicodrama aplicado à docência, ao teatro, à psicoprofilaxia, ao trabalho com famílias, às instituições...

E o chamamos assim, *aplicado*, porque o campo internacionalmente consagrado do psicodrama é o da psicoterapia. No entanto, ao abordar o tema, decidi que poderia ser um bom momento para questionar o termo. O que primeiro me ocorreu é que certamente para Moreno, o criador do psicodrama, a expressão pareceria péssima.

Moreno é uma figura muito especial na história da psicologia. Talvez justamente por isto: porque nunca pretendeu, pelo menos de início, explorar a psicologia. Sua busca era muito mais ampla; toda sua vida poderia ser descrita como uma busca.

Com base na perspectiva que nos dão os anos, podemos dizer que Moreno buscava o ser íntegro, criativo, espontâneo, sem amarras. E o buscou em todos os campos pelos quais o ser humano transita. Os antecedentes do psicodrama e a forma como ele foi se moldando como ideia podem nos dizer quais são esses campos.

Moreno fala de quatro antecedentes do psicodrama e os chama de *berço* de sua abordagem:

- O primeiro, cronologicamente, é um jogo de sua infância, a brincadeira de Deus e dos anjos.
- O segundo é a revolução das crianças nos jardins de Viena.
- O terceiro é a primeira sessão na Komödian Haus.
- O quarto é a história de Bárbara e George no teatro da espontaneidade.

PRIMEIRO ANTECEDENTE

A brincadeira de Deus e dos anjos é um episódio com o qual Moreno sempre fascinou e escandalizou seu auditório. Trata-se de uma história de sua infância em Viena: quando tinha 4 anos e meio, em uma tarde em que seus pais tinham saído, estava com os amiguinhos brincando no sótão e propôs a eles brincar de Deus. Para isso, criaram o céu colocando cadeiras sobre uma mesa; seus amigos eram os anjos e ele era Deus. Eles o ajudaram a subir na cadeira mais alta e depois o incentivaram a voar. "Se você é Deus, por que não voa?" O resultado foi um braço quebrado e uma anedota que, verdadeira ou não, ajuda-nos a entender algumas das ideias que o levaram à criação do psicodrama.

Em primeiro lugar, a ideia de brincar de Deus permanece em toda a obra de Moreno. Ele dizia que em geral nos esquecemos do atributo de criador de Deus; que os escritos dos homens sobre o divino estão centrados no Deus do segundo momento, o Deus depois da Criação, e que, por mais paradoxal que possa parecer, o estado de criador está muito mais próximo da humanidade. O ato criativo é o que nos coloca em contato com Deus e para criar precisamos de nossa espontaneidade. Espontaneidade e criatividade são os conceitos-chave da teoria moreniana do psicodrama.

O encontro com a própria capacidade criadora; com o Deus que habita no coração dos homens, e não com um Deus distante e sábio que premia ou castiga nossa conduta, é talvez uma das

JOGANDO A SÉRIO

heranças que o psicodrama recebeu da brincadeira de ser Deus. A outra está relacionada com o caráter da brincadeira em si. Esta pode ser entendida como uma maneira de elaborar situações traumáticas, mas também é uma forma expressiva de inventar, de imaginar e de criar.

No psicodrama se desenvolvem duas vertentes do jogo: como psicoterapia, trata-se de um caminho para entender, elaborar e dar novo significado aos conflitos mediante um jogo nem sempre divertido, ainda que emotivo, em que se recriam cenas e personagens, se desenrola a história e se procuram respostas novas para situações antigas. Como forma expressiva, busca desenvolver aquelas matrizes lúdicas, no dizer de Pavlovsky (1987, p. 24), que se relacionam com o instrumento criador do adulto.

SEGUNDO ANTECEDENTE

O segundo antecedente remonta à época estudantil de Moreno, quando costumava caminhar pelos jardins de Viena. Ali reunia as crianças que brincavam nos parques, lhes contava histórias e as estimulava a representá-las e a inventar outras.

Quando se refere a esse episódio, Moreno (1975, p. 52) usa uma frase de que gosto muito: "Eu lhes permitia brincar de Deus, se quisessem. Comecei a tratar dos problemas das crianças, quando falhavam, tal como *eu* fui tratado quando quebrei o braço, deixando-as atuar de improviso – uma espécie de psicoterapia para deuses caídos".

Fundamentalmente, nessa fase nasce uma maneira nova de ensinar e de aprender. Com seu habitual exagero, Moreno a descreve como "um jardim de infância em uma escala cósmica, uma revolução criativa entre as crianças" (idem). Podemos dizer que é quando começa o psicodrama pedagógico:

- Aprender mediante a ação.

María Carmen Bello

- Uma pedagogia fundada "completamente e sem compromissos de qualquer sorte no ato criativo. Uma técnica do ato criativo, uma arte da espontaneidade [...]" (*ibidem*, p. 199).
- Um método de ensino-aprendizagem integral no qual não se educa somente o intelecto, mas também se trabalha com o corpo e as emoções.
- A experiência vem antes do conceito, ao contrário do que acontece em geral em nossa sociedade, quando "a criança vê-se diante de um nome definido cuja realidade foi abandonada [...]" (*ibidem*, p. 200).

TERCEIRO ANTECEDENTE

O terceiro antecedente tem uma data concreta: 1º de abril de 1921. E mais: sabemos até a hora: das 19h às 22h. É a primeira sessão oficial que Moreno dirigiu na Komödian Haus. Estamos na Viena do pós-guerra, a situação política é caótica; não há líderes claros; não se visualiza o futuro.

Moreno, à sua maneira messiânica e exibicionista, pretende salvar o mundo europeu da hecatombe que se aproxima: apresenta-se para um público de mais de mil pessoas em um palco onde só havia uma poltrona de veludo vermelha com bordas douradas e uma coroa de papelão sobre ela.

Dali instiga o auditório a passar ao palco e ocupar a poltrona como se fosse um trono, convida a todos para que sejam líderes de si mesmos. O resultado circunstancial é um fracasso rotundo. O resultado em longo prazo é que nesse momento nasce oficialmente o sociodrama.

A sessão foi um fracasso porque o objetivo era demasiado ambicioso. O sociodrama não é uma solução para salvar países. Quem dera fosse. Podia ter sido uma oportunidade para que os ali presentes refletissem, tirassem conclusões próprias acerca do drama coletivo que estavam vivendo e, quem sabe, também se

JOGANDO A SÉRIO

transformassem em agentes de alguma mudança. No entanto, provavelmente também tenha falhado nesse sentido, pois nessa ocasião Moreno partiu de uma proposta pessoal e não grupal.

De qualquer forma, assim começa o sociodrama, que historicamente precede ao psicodrama; posteriormente se consagra como método de ação para elaborar as relações entre os membros de um grupo ou comunidade: um método em que todo o grupo é protagonista. Sociodrama tem origem em *socium, companheiro*. Hoje o termo se popularizou e dá nome a procedimentos muito diversos; mas sua definição moreniana é: um método de ação projetado para elaborar uma temática grupal ou comunitária em que cada um representa seu papel.

As técnicas são as mesmas que as do psicodrama, e ambos os métodos são complementares. Em um grupo que trabalha com técnicas dramáticas se opera sempre em dois níveis: sociodramático e psicodramático.

QUARTO ANTECEDENTE

Vamos ao quarto antecedente do psicodrama, que é sua origem mais direta. Estamos na época do *teatro da espontaneidade*. Moreno ainda não buscava uma técnica terapêutica, mas um teatro pleno em que não houvesse textos rígidos, em que o ator não estivesse atado a falas nem precisasse repetir noite após noite as mesmas palavras. Provavelmente buscava algo semelhante ao que Grotowsky fez mais tarde, uma volta às origens do teatro quando este tinha uma função social, religiosa e terapêutica.

Uma das formas de trabalhar o teatro espontâneo foi o jornal vivo: escolhia-se uma notícia de um jornal do dia e ela era representada por atores profissionais e outros que surgiam do público. Bárbara era uma dessas atrizes profissionais e gostava de representar papéis de mocinha ingênua, "papéis heroicos e românticos" (Moreno, 1975, p. 54). Ela se casou com George, assíduo espectador do teatro espontâneo. Aparentemente, nada mudou depois de seu casamento: ela continuava atuando e George, sentando-se na primeira fila.

Pouco tempo depois George pediu ajuda a Moreno: seu casamento era um inferno. Na intimidade, Bárbara mostrava-se o contrário do que representava no palco: agressiva e briguenta, chegava a atacá-lo fisicamente. Moreno pensou em uma estratégia e na mesma noite propôs à moça:

> Escute, Bárbara, você tem se portado maravilhosamente até agora, mas receio que esteja ficando muito rotineira. As pessoas gostariam de vê-la em papéis mais terra a terra, que retratem a vulgaridade e a estupidez da natureza humana, a sua realidade cínica [...]. (*ibidem*, p. 52)

Bárbara aceitou o desafio com entusiasmo. Dos papéis românticos e ultrafemininos passou a interpretar personagens sórdidos, agressivos, cínicos. George observava fascinado e passava informes todos os dias a Moreno. Em princípio, as atuações de Bárbara no palco serviram como uma catarse; suas explosões em casa tinham diminuído e terminavam em risadas quando ambos se lembravam das representações.

Essa é a origem do teatro terapêutico. Mas Moreno deu outro passo, aquele que levou ao nascimento do psicodrama: propôs a Bárbara que atuasse com George no palco. Assim ambos passaram a representar cenas cada vez mais parecidas com as de sua vida cotidiana. Cenas de suas respectivas famílias, infância, sonhos, medos, projetos. Passa-se da representação teatral à dramatização. O público diz a Moreno que as cenas de Bárbara e George o comovem muito, mais que outras representações, passando a ser audiência, observador participante das dramatizações e coro de ressonância para os protagonistas.

Moreno deixa de ser um diretor teatral *sui generis* e começa a ser diretor de psicodrama. Os outros atores transformam-se em egos-auxiliares e o palco adquire seu caráter de espaço dramático.

Bárbara deixa de atuar como atriz para ser protagonista e abre caminho para que George também se transforme em um deles; com o tempo, outros protagonistas surgem da plateia. Temos, então, todos os elementos do psicodrama:

- Protagonista.
- Espaço dramático (local onde se realizam as dramatizações).
- Egos-auxiliares.
- Público.
- Diretor.

Meses depois Bárbara e George se reúnem com Moreno no teatro vazio. "Tinham encontrado a si mesmos e um ao outro pela primeira vez", conta o psicodramatista. "Analisei o desenvolvimento de seu psicodrama, sessão por sessão, e contei-lhes a história de sua cura" (Moreno, 1975, p. 54). Assim, Moreno assume também o papel de terapeuta e conclui o primeiro processo terapêutico conduzido por ele; assim nasce também o conceito de encontro.

Eis os antecedentes do psicodrama. Todos estão nos textos de Moreno, relatados de distintas maneiras; a única coisa que fiz foi sintetizá-los e comentá-los, mas me pareceu interessante fazê-lo porque queria mostrar que o psicodrama não surgiu da busca de uma nova técnica de psicoterapia, mas de uma busca mais ampla que culminou nele.

Nesse caminho, a psicoterapia recorre a todos os âmbitos que são também seus campos naturais de ação:

- O jogo: campo expressivo em que o corpo e a ação desempenham papel protagônico.
- As histórias infantis: campo expressivo no qual a imaginação desempenha papel protagonista.
- O sociodrama: campo de elaboração em que o grupo humano desempenha o papel de protagonista e inclui todos os âmbitos

em que o indivíduo se reúne em grupos com uma tarefa em comum, qualquer que seja: de trabalho; de docência; psico-profilática; artística ou terapêutica.

- O psicodrama: campo também expressivo e de elaboração em que o indivíduo tem papel protagônico, mas não isolado, e sim dentro de seu contexto natural social.

Ao reler esse texto, pensei que em nossas tarefas profissionais temos percorrido exatamente o caminho inverso ao de Moreno: fiz minha licenciatura de Psicologia em uma faculdade cuja orientação predominante era psicanalítica. Naquela época, e naquela faculdade, a preocupação de todos nós, como estudantes, era terminar rapidamente o curso, entrar na Associação Psicanalítica ou em alguma instituição similar e dedicar-nos à psicoterapia quanto antes.

Enquanto esse segundo aprendizado ocorria, trabalhávamos em hospitais, em escolas e onde pudéssemos para ganhar a vida e pagar os custosos grupos de estudo e a análise pessoal. Mas sempre era "enquanto isso". Anos mais tarde, reconheci que durante o "enquanto isso" eu aprendi muitas coisas.

Cumpri, no entanto, meu objetivo: comecei minha formação psicanalítica de pós-graduação e na metade do caminho me encontrei com o psicodrama e continuei com as duas formações de maneira paralela, coisa bastante incômoda, pois os grupos brigavam entre si e eu me sentia sempre fora de lugar: no grupo psicanalítico eu era "a que andava nessas coisas estranhas do psicodrama"; no de psicodrama, censuravam minha filiação psicanalítica. Várias vezes estive a ponto de optar por um ou outro lado; afortunadamente não o fiz e com o tempo encontrei a integração entre ambas as formações.

Conto tudo isso para explicar que a psicoterapia psicodramática foi meu primeiro campo de ação com o psicodrama. Passei, ainda, a me dedicar ao psicodrama individual baseando-me nas experiências em grupo no trabalho com o protagonista. As cenas também se desenvolvem, mas de modo diferente do realizado em grupo, diferenças essas que relatarei a seguir.

Com o tempo *descobri* o grupo. Embora minha aprendizagem de psicodrama tenha sido em grupo, no papel de coordenadora eu o vivi como uma descoberta que de início me assustava. As cenas se desenvolviam da mesma maneira que nas sessões individuais, porém com mais riqueza, com um clima emocional às vezes mais intenso e com a possibilidade de utilizar mais recursos dramáticos. Mas o descobrimento estava no nível sociodramático. A sensação de descoberta se fez mais intensa quando me tornei professora e levei adiante o projeto da Escola de Psicodrama.

O psicodrama não pode ser ensinado somente nos livros, nem com aulas expositivas; mas um grupo de aprendizagem de psicodrama não é o mesmo que um grupo terapêutico: o que muda fundamentalmente é a tarefa e o objetivo. Aqui o nível sociodramático passa para o primeiro plano. A sociometria em ação e o teste sociométrico tornaram-se objeto de minha fascinação.

O teste sociométrico elaborado por Moreno é um instrumento valiosíssimo que em geral é utilizado de forma muito parcial e fragmentada; no entanto, se for usado em toda sua riqueza, dá um panorama bastante completo das relações interpessoais dentro de um grupo, permitindo elaborá-las depois.

Por outro lado, usar as técnicas dramáticas para transmitir e explicar conceitos teóricos teve como consequência lógica o fato de que novos professores passaram a frequentar a escola. Assim nasceu o ramo do psicodrama aplicado à docência. Aquilo que era útil para ensinar psicodrama também podia ser para outras matérias.

Tudo isso não é invenção nossa: a maioria das escolas de psicodrama segue, de uma maneira ou de outra, esse caminho, ainda que sempre exista um nível de redescoberta pessoal.

Entre os professores que chegaram à escola havia alguns de teatro: eles trouxeram atores e diretores. Nesse intercâmbio, fomos incorporando novos recursos: apareceram as máscaras, os fantoches, a maquiagem teatral, a música, a canção, o teatro espontâneo, o jornal vivo e os contos infantis como ponto de partida para o teatro espontâneo. Além disso, começamos a fazer filmes.

A escola foi se enchendo de cestas com retalhos, botões, papéis coloridos, espelhos e pinturas, o que deixou evidente que o que estávamos fazendo, com muita seriedade, era brincar, jogar. A última atividade que introduzimos foram as oficinas de psicodrama lúdico.

Todas essas atividades convivem harmoniosamente com a clínica: o ramo do psicodrama clínico segue suas investigações e explora a psicopatologia. De tempos em tempos fazemos uma oficina de cenas temidas pelo coordenador de grupos, e projetamos uma oficina de sonhos e psicodrama que, descrita cronologicamente, redescobre o caminho percorrido por Moreno no sentido inverso.

Para mim, o caminho como psicodramatista tem sido também a redescoberta de mim mesma, ao mesmo tempo perigosa e prazerosa. Nele eu me surpreendi recuperando coisas que tinha deixado para trás, como o que aprendi nos hospitais e nas escolas aplicando testes psicológicos e trabalhando com orientação vocacional; minha vocação teatral da adolescência; os romances e personagens preferidos da literatura; e inclusive as brincadeiras e fantasias da minha infância, as velhas músicas galegas que se cantavam na minha família e as histórias mágicas de minha avó.

2. A sociedade do futuro: um desafio para o psicólogo clínico[13]

O TEMA DO PAPEL do psicólogo na sociedade, tanto a do presente como a do futuro, é sempre polêmico. Isso me lembra uma mesa-redonda realizada há muitos anos na Faculdade de Humanidades da cidade de Montevidéu; eram tempos muito difíceis, portanto encarar o tema do papel do psicólogo significava questionar a participação desse profissional nos acontecimentos sociopolíticos do momento.

Participavam dessa mesa psicanalistas e psicólogos sociais do Uruguai e da Argentina; entre eles, José Bleger. Eu cursava a licenciatura e minha lembrança do que se disse é muito viva, ainda que provavelmente fragmentada e distorcida pelo tempo. O que tenho claro é que as intervenções eram bem contraditórias e o clima era o de uma discussão intensa.

Lembro-me de um psicanalista que dizia não saber qual era o papel social que podia cumprir em sua prática: explicar aos seus pacientes a resistência às mudanças, por exemplo? Outro, da mesma associação, explicava que a discussão era inútil, que as mudanças não se faziam no consultório, que era preciso atrever-se a fazê-las onde cabiam. Outro, ainda, bradava que era preciso queimar os livros.

Bleger disse que cada um deveria cumprir sua função da melhor maneira possível, e que se a alguém correspondia limpar as latrinas – ou algo similar – tinha de fazê-lo e fazê-lo bem. Também

---

13. Trabalho apresentado na Universidade das Américas, em maio de 1990.

questionou, e me pareceu que o fazia com dor: "Quer dizer que nossa experiência não serviu de nada?"

Conto tudo isso talvez para esclarecer a mim mesma o que restou de todas as mensagens que recebi ao longo de minha formação. Depois de 20 anos de prática em dois países diferentes, continuo tendo mais perguntas que respostas, e acho que tudo bem, pois creio que o tema deva ser encarado com modéstia. É evidente que nós, psicólogos, cumprimos uma função social, mas não devemos supervalorizá-la nem ignorá-la. É simplesmente uma função, como disse Bleger naquela oportunidade, que se espera que cumpramos com muita responsabilidade.

As fronteiras entre cada especialidade e as escolas de psicologia foram desaparecendo: a psicologia clínica, a psicologia educacional e a psicologia social se entrecruzam e se complementam cada vez mais. A psicanálise, o psicodrama, a Gestalt-terapia e a bioenergética são outros caminhos; não vejo razão para considerá-los contraditórios. Nunca encarei minha escolha do psicodrama como bandeira ou camisa partidária; simplesmente foi um caminho que combina comigo e com minha maneira de ser, por muitos motivos. E esse caminho não se baseia na convicção de que é "o único", "o melhor", "a panaceia universal".

Em um aparte em determinado congresso, alguém disse que poderia realizar na licenciatura um estudo vocacional dos psicólogos para saber que abordagem escolheriam, bastando para isso verificar o que os alunos gostavam de ler. Os apreciadores de histórias de detetive, como as de Agatha Christie, com todo seu mistério e sua provocação intelectual, com sua lógica oculta, buscando adivinhar a solução antes que o desfecho se conclua, seriam certamente os psicanalistas. Os fanáticos por histórias ou filmes de ação, com sua intensidade e a necessidade de estar sempre preparados para o inesperado, para a aventura, teriam melhor futuro na Gestalt ou na bioenergética. E os apreciadores de contos de fadas – com sua poesia, seu humor, sua fantasia e toda a gama de sentimentos que

JOGANDO A SÉRIO

despertam e a mistura do ordinário com o mágico –, por natureza, seriam psicodramatistas.

Levando isso em conta, que é nada mais que um caminho possível, com que recursos o psicodrama conta para enfrentar os desafios do nosso tema? Em primeiro lugar, o psicodrama foi sempre entendido por Moreno, seu criador, como um método psicoprofilático. Ele "se interessava mais por criar instrumentos para evitar o adoecimento do que em criar instrumentos para curar" (Bustos, 1980).

Muito antes de descobrir as possibilidades terapêuticas do psicodrama, Moreno contava histórias para as crianças nos parques de Viena, trabalhava em orfanatos ou em fábricas e explorava o teatro, buscando um teatro espontâneo em que os autores fossem os próprios atores e o público pudesse participar ativamente. Sua primeira sessão oficial na Komödian Haus é conceituada por ele próprio como um redondo fracasso (Moreno, 1975): tratou-se de uma tentativa de abordar a situação caótica do pós-guerra na comunidade.

O cerne da teoria moreniana é que toda criança é um gênio potencial, todo ser humano é, antes de tudo, um criador, sendo a espontaneidade o catalisador de sua criatividade. A espontaneidade muitas vezes é limitada pela sociedade, que tende a "enquadrá-la", cerceá-la, no que Moreno chamava de conservas culturais: os valores rígidos, a hierarquização do já feito, da "obra terminada" em detrimento do processo criativo em movimento.

Moreno definia a espontaneidade como a capacidade de dar uma resposta nova a uma situação antiga, ou de dar uma resposta adequada a uma situação nova. Tudo isso aponta para a possibilidade de prever o conflito e sanear as redes relacionais antes de ter de curar ou remendar.

A psicoprofilaxia é, sem dúvida, um dos campos privilegiados do psicólogo, pois se trata de olhar para o futuro. Outro recurso que o psicodrama oferece relaciona-se com o que comentamos antes sobre as fronteiras tênues entre as especializações e as distintas práticas profissionais: uma das pontes entre as psicologias clínica, social, educacional e do trabalho é o grupo.

O psicodrama nasce no grupo, precedido historicamente pelo sociodrama – método de ação para elaborar as relações entre os membros de um grupo ou de uma comunidade –, o que lhe permite explorar vários campos distintos:

- a psicoterapia de grupo
- a docência
- a terapia familiar
- a orientação vocacional
- a preparação para o parto
- o trabalho comunitário etc.

Em nossa escola de psicodrama temos duas linhas de trabalho: uma clínica, para psicoterapeutas, e outra que chamamos de psicodrama aplicado, no qual confluem psicólogos sociais, do trabalho e educacionais, docentes, atores e diretores de teatro, assistentes sociais, licenciados em comunicação e coordenadores de grupos em geral.

Um detalhe curioso: certa vez, tivemos em nossa escola um arquiteto. Não nos ocorreu que o psicodrama pudesse ser útil para sua profissão. Foi ideia dele ingressar na escola depois de ter participado de uma oficina terapêutica, e ele explicou assim sua escolha: "Eu projeto e construo casas ou escritórios; depois que estão prontos, as pessoas precisam se adaptar a eles. Gostaria de fazer o contrário: se eu pudesse dramatizar com essas pessoas suas cenas cotidianas, conhecer seus espaços compartilhados e privados, poderia projetar e construir ao redor dessas cenas, fazendo que as construções se adaptassem à vida e não o contrário".

As ideias criativas surgem assim; acredito que até Moreno se surpreenderia. Assim, o grupo é o cruzamento de distintas práticas que permitem o trabalho em equipe e uma ponte para a comunidade. Por último, o psicodrama é uma opção terapêutica não indicada para todas as situações, nem útil em todos os casos; constitui, como já comentei, um caminho, uma abordagem.

O objetivo do psicodrama é o mesmo do dos outros métodos psicoterapêuticos; mas, falando em linguagem psicodramática, podemos dizer que procura resgatar em cada um seu ser espontâneo e criativo para liberá-lo de seus papéis estereotipados e transformá-lo em protagonista de seu próprio. Muitas vezes temos a sensação de ser atores secundários em nossa existência, representando argumentos que foram escritos por terceiros e repetindo situações que nos fazem sofrer.

Reproduzir essas situações no espaço dramático, revisar os vínculos danificados ou rastrear cena por cena da história do conflito é outro caminho para o autoconhecimento. A psicoterapia não é somente uma forma de curar velhas feridas: é também um olhar para adiante. E, se como psicólogos não podemos prever o futuro, podemos, talvez, modestamente contribuir para construí-lo. E fazê-lo com base:

- na prevenção;
- nos grupos que constituem nosso meio natural;
- nas pequenas ou grandes histórias pessoais.

3. Crônica de uma oficina sobre o feminino

A OFICINA QUE VOU narrar a seguir aconteceu como parte das atividades da Escola Mexicana de Psicodrama. O tema era amplo: a mulher e o feminino. A atividade ocorreu em sete sessões de duas horas cada uma. Ao final de cada oficina eu fazia uma síntese, a qual lia no começo da sessão seguinte. Essas sínteses serão transcritas como as elaborei. Como foram escritas para o grupo, não descrevem os trabalhos dramáticos em detalhe, tampouco contêm questões técnicas: trata-se apenas de uma crônica de conteúdos.

O grupo:

- Amelia: 29 anos, casada, dona de casa, duas filhas.
- Guille: 27 anos, mãe solteira de uma menina, subdiretora de uma escola.
- Delia: 50 anos, três vezes divorciada, tem um filho casado, vive só e gosta de escrever.
- Debbie: 42 anos, mãe de dois filhos adolescentes, casada, psicóloga.
- Lucy: 31 anos, casada, três filhos, trabalha em casa com informática.
- Alicia: 35 anos, contadora, "dois filhos, um marido, uma tia e uma irmã".

PRIMEIRA SESSÃO – A MULHER E SEU MUNDO

Como surgem os temas. Apresentamo-nos. Faço uma pequena introdução sobre o porquê dessas oficinas. Cada uma fala das expectativas que tem. Dessas expectativas surgem os temas que serão trabalhados e darão nome a cada sessão. Esclareço que não serão debates nem grupos de discussão. Tem-se falado demasiadamente do tema: agora vamos encará-lo partindo da experiência pessoal de cada uma. As conclusões virão depois.

Um dia na vida de uma mulher. Começamos pelo mais simples: um acontecimento de um dia qualquer. Os espaços, as atividades, os personagens que o povoam. Cada uma escolhe um instantâneo de um momento do dia ou um panorama representativo. No espaço dramático vão surgindo os seguintes momentos:

- Um café da manhã em família.
- Uma refeição caseira.
- O momento antes de colocar as meninas para dormir.
- Um domingo em que todos passam de pijama.
- A saída para o trabalho pela manhã, resolvendo mil coisas ao mesmo tempo.
- Um recanto solitário de Delia. Uma solidão que agora aceita ter sido uma escolha de vida feita por ela. Nesse lugar há um cachorrinho maltês, um caderno que sempre a acompanha e uma foto de Marilyn Monroe.

Uma convidada de honra. Marilyn se integra ao grupo. É o primeiro personagem feminino no presente que invocamos por meio de uma foto: está sentada vestindo roupa branca de balé; seus pés estão em posição de ponta. Seu rosto é triste.

A voz dos homens. Nas outras cenas existem bebês, filhos pequenos, adolescentes e maridos. A frase de um dos maridos nos comove e nos faz pensar: "Esta é uma família bem-sucedida, lamento não ter participado tanto quanto pude".

Se fôssemos todas as mulheres do mundo. Depois de compartilhar experiências, resumimos nossas conclusões nesta frase: "Se nós fôssemos todas as mulheres do mundo, o que poderíamos dizer da mulher?"

Guille diz que a mulher é o centro da família, o elo, a grande coordenadora. Ainda que faça outras coisas, a família continua sendo para ela o mais importante.

Debbie comenta que em todas as cenas ou fotos percebeu que as mulheres sofrem muitas separações: ainda que pequenas e cotidianas, sofremo-las com mais culpa que os homens.

Amelia reflete que talvez sejam essas separações que nos fazem buscar outros caminhos além da casa e da família.

Para Lucy, a casa é como um microcosmo; tem liquidificador, lavadoras e a televisão dizendo-nos para que não tenhamos mais de dois filhos!

Refletimos sobre Marilyn: "Teve o mundo a seus pés e não teve nada; sempre esteve só", diz Delia. Marilyn evoca o tema do poder graças à beleza, aos papéis de linda bobinha que costumava representar: algo como representar o papel que se espera das mulheres em um mundo de homens, mas reservando-se sempre algo. Traz-nos também a impotência de sua morte.

No final, eu também compartilho algo: conto que para mim o dia anterior foi muito especial no que se refere ao feminino. Uma aluna e amiga teve seu primeiro bebê e eu a acompanhei no trabalho de parto. "Como faziam as mulheres mais velhas das tribos", diz Alicia. Delia pergunta o sexo do bebê: apesar de todas as previsões dos ultrassons, nasceu uma menina.

SEGUNDA SESSÃO – OS PAPÉIS DA MULHER

Os papéis. Leio a crônica anterior e faço uma pequena síntese do que são os papéis na teoria moreniana do psicodrama. Moreno dizia que dos papéis surgem o eu e nossa personalidade, e não o contrário. Os primeiros papéis são os psicossomáticos, que são impostos – por exemplo, o papel de ingeridor. Mais tarde, na família, aprendemos outros papéis: alguns nos são concedidos; outros temos certa liberdade para escolher. Se tivermos a possibilidade de testar vários papéis diferentes, teremos mais chance de ser espontâneos e saudáveis – ao contrário do que acontece se nos classificamos (ou nos classificam) em poucos papéis, como *a bonita, a responsável* e *a simpática*, entre outros.

Mais adiante aparecem os papéis sociais, como *o médico, a dona de casa* ou *a escritora*. Embora se esperem desses papéis certas condutas mais ou menos definidas, eles podem ser desempenhados com rigidez ou com criatividade: há as donas de casa automáticas e as criativas, assim como há professores que repetem conhecimentos e aqueles que são formadores e originais.

Todos os papéis surgem da interação com um vínculo: o professor assim o é porque há alunos. A proposta dessa sessão é investigar que papéis nós, mulheres, desempenhamos atualmente e se o fazemos de maneira criativa ou rígida.

Visitamos as bonecas. Imaginamos primeiro as bonecas de papel da nossa infância e logo visualizamos a nós mesmas como bonecas cujos trajes ou acessórios são os papéis que cumprimos.

Amelia pergunta se devemos imaginar a boneca como somos agora ou como quando éramos crianças. Proponho que sejam as duas. A intervenção de Amelia e sua participação posterior ajudam-nos a entender que os papéis têm uma história; por isso, decido deixar às participantes o nível de profundidade e compromisso com que vão tratar o tema. As bonecas atuais se vestem com os vestidos dos nossos papéis sociais.

JOGANDO A SÉRIO

Lucy apresenta seu vestuário:

- Jeans para a mamãe.
- Robe sexy para a esposa.
- Avental para a cozinha.
- Roupa de alfaiataria para o trabalho.

Por trás desses papéis vai se desenrolando a história. Os vestidos de Delia têm algo em comum:

- A roupa com que recebe o Prêmio Nobel de Literatura.
- A roupa de banho com que recebe a medalha olímpica de natação.
- Vestido curto superdecotado.
- Roupa com avental para a dona de casa perfeita.

Por trás dessas roupas fantasiosas esconde-se a exigência de um papel sofrido: "a que deve ser a melhor". Deve ser a melhor esportista, a campeã, a mais sexy, a melhor intelectual e a mais perfeita dona de casa. Isso porque "ser a melhor" era condição na infância para ser aprovada e querida.

A roupa de "professora subdiretora" de Guille encobre o papel de "menorzinha", "subirmã", e outro mais doloroso: "a filha caçula que chega tarde, produto de alguma reconciliação dos pais, e que deve reconciliá-los".

Amelia descobre várias coisas no seu guarda-roupas. É um armário que está muito completo, mais inclui dois vestidos sem usar: um tutu, da bailarina que não pôde ser, e outro de "mulher que trabalha", que ainda não terminou de confeccionar.

A outra boneca (da infância) nos conta a história desses vestidos sem usar. Amelia tem 6 anos e está vestida de espanhola; sua irmã menor está vestida de rainha. Ambas estão muito bonitas, mas ao se ver representadas pelas companheiras Amelia se deixa envolver por uma profunda tristeza: as duas meninas estão muito sós. Mamãe está em outra cidade "porque tem de trabalhar", e, "ainda que sinta muita saudade das meninas, a vida é assim". Ao assumir o papel da mãe, Amelia compreende que sua mãe nunca duvidou de suas decisões, pois sabia que assim se defenderia do sofrimento em circunstâncias difíceis. Ao voltar ao seu papel, Amelia compreende também o motivo de o papel "da mulher que trabalha" criar conflitos e compreende por que separar-se de suas filhas traz tanta angústia. O trabalho dramático foi muito eloquente. As conclusões são breves.

Delia: "Estou contente de ser mulher, somos flexíveis para exercer muitos papéis: do avental ao vestido, do capelo ao tutu de bailarina".

Assinalou que os personagens de nossas mães apareceram com intensidade e muitos papéis que cumprimos como mulheres compensam o que elas fizeram (por exemplo, "estar em casa", para Amelia) ou evitam repetir seu sofrimento ("esperar um homem", para Guille, pois sua mãe esperou a vida toda por seu pai).

Alicia reflete sobre as consequências desses papéis que nos acompanham na vida adulta, já que são papéis pesados da infância, como "a que junta os pais" ou "a melhor". Em sua vida pessoal, ela aprendeu a ser "a responsável, aquela com quem se pode contar". Foi uma maneira de pagar a seus tios por praticamente a terem adotado e criado como filha.

Delia comenta a relação entre o papel da "melhor" e sua competitividade com os homens (muitas vezes desfrutada, não sofrida). E, falando deles, Lucy lembra que hoje alguns homens se sentem orgulhosos de cuidar dos filhos, de ajudar em casa. Então pensamos que provavelmente também eles têm necessidade de compensar papéis que os pais não desempenhavam – como os que não estavam, não abraçavam ou mal sabiam onde ficava a cozinha.

JOGANDO A SÉRIO

TERCEIRA SESSÃO – DA DEPENDÊNCIA À AUTOSSUFICIÊNCIA

Começo a sessão fazendo algumas reflexões: em primeiro lugar, trata-se de um tema muito difícil, pelo menos para as mulheres. Tendemos muito rapidamente a passar de um extremo a outro. Faço referência uma vez mais a Moreno e ao seu conceito de *critério*. Moreno dizia que sempre estamos fazendo escolhas – nas tarefas mais simples, como com quem falar ao telefone e com quem estudar, e nas mais complexas, como com quem dividir a vida e formar uma família. Ao nascer, temos a mãe (ou alguém que a substitua) para atender a todas as nossas necessidades. Na idade adulta, o esperado é que possamos criar vários vínculos, mas sem depender completamente de nenhum deles. Vínculos que satisfaçam nossas necessidades afetivas em um nível de troca.

Existe, então, a dependência infantil e a madura; no entanto, muitas vezes desejamos que "alguém se ocupe" de tudo de que necessitamos e outras vezes caímos na onipotência de crer não necessitarmos de nada de ninguém. Essas são as duas vertentes que trabalhamos naquela oficina:

- a dependência consagrada cultural e socialmente para a mulher;
- a dependência madura e infantil.

A festa: maturação de um vínculo. Alicia escolhe essa última ideia e a desenvolvemos em uma cena. É um baile, organizado pelos amigos de Alicia. Em uma mesa estão ela, sua irmã e sua tia; uma orquestra toca música de outros tempos. A tia, muito comovida pela música, recorda com nostalgia de sua mãe, do seu falecido marido e da época de sua juventude.

Feliz de vê-la assim, contente e emocionada, Alicia reflete sobre essa relação tão importante de sua vida. A tia substituiu por muito tempo sua mãe biológica, autoritária e ausente. Entre tia e sobrinha criou-se uma intensa dependência mútua, da qual Alicia teve de se livrar com rebeldia, raiva e dor. Hoje ela pode aceitar a relação e desfrutar dela tal como é. No ambiente da festa da cena se misturam, sem se tocar, a alegria e a tristeza.

A dona de casa: membro de uma equipe ou escrava sem salário. Amelia segue outra linha. Leva-nos a uma cena de uma noite qualquer com seu marido. Ambos estão sentados à mesa. As crianças já estão dormindo. Eles tomam café. Amelia pergunta se ele quer alguma coisa e ele pede um chocolate; quando Amelia volta a se sentar, ele pede uma fruta. Depois de servir o marido, ela diz timidamente:

— Olha, estive pensando que já se aproximam as festas de fim de ano e o aniversário da mamãe. O que você acha de eu comprar os presentes agora para evitar a correria de última hora?

O marido responde:

— Vamos ver, vou fazer as contas e me organizar para que você possa comprar os presentes com antecedência.

Nem nega nem aceita de imediato. Amelia se sente incomodada nessas situações; queria não ter de pedir ao marido cada centavo extra de que precisa. Vendo a cena do lado de fora, parece algo muito simples: ela pode trabalhar algumas horas em algo de que goste para ganhar o dinheiro para essas ocasiões. Quando incluímos essas duas vozes na cena, aparece a voz da mãe, que a incentiva a trabalhar, e outra (a sua própria, mas criança) que a instiga a ficar e a não repetir a história de abandono que teve com sua mãe. Exploradas essas vozes, o grupo joga com a cena de Amelia.

Alicia propõe assumir que as funções de dona de casa que Amelia exerce são um trabalho e, assumindo seu papel diante do marido, depois de atendê-lo amorosamente e de servi-lo, diz:

— PRECISO que neste mês você me dê um dinheiro extra para comprar presentes. QUERO comprá-los com antecedência.

Débora representa algo parecido, mas não dá nenhuma ênfase nem importância ao pedido. Senta-se à mesa e discute tranquilamente com o marido sobre qual será a melhor época para comprar os presentes; agora que está tudo mais barato ou quando

JOGANDO A SÉRIO

lhe derem a gratificação de Natal; se é melhor usar o cartão ou pagar com a gratificação. Ela considera que não pode impor o gasto ao marido: eles formam uma equipe em que tarefas e responsabilidade estão divididas. Ele ganha o dinheiro, mas ela tem direito de opinar sobre como administrá-lo; o mesmo acontece quando ela cuida das crianças, quando ele tem o direito de intervir na educação.

Delia e Guille, por outro lado, assumem o papel de funcionárias de uma agência de empregos e oferecem a Amelia alguns trabalhos: ela é levada a uma visita guiada a um museu e eles a empregam na segurança para que faça o que sabe fazer de melhor: cuidar de crianças. O espaço dramático se converte, assim, em um espaço protegido no qual é possível ensaiar diferentes alternativas; pode-se cometer erros e corrigi-los. Todo o jogo torna-se muito divertido e alegre. Mas Amelia ainda precisa revisar sua história – sua solidão de criança com uma mãe completamente dedicada ao trabalho – antes de conseguir integrar as duas vozes.

Ao final, comentamos novamente o tema da dependência: para Delia, o conceito de dependência madura (Fairbairn, 1966)[14] é uma grande descoberta, com a qual ela pode refletir sobre a própria vida; Amelia pode agora visualizar a dependência madura como uma troca em sentido amplo.

QUARTA SESSÃO – A CRIATIVIDADE DA MULHER

Começo a sessão com uma breve referência ao conceito de criatividade no psicodrama. Moreno pensava que todos somos gênios potenciais ao nascer, mas a genialidade só consegue se manifestar quando há espontaneidade suficiente. A espontanei-

---

14. O conceito de *dependência madura* é de Ronald Fairbairn, psicoterapeuta que aprecio principalmente pela forma "dramática" de descrever os conceitos de psicanálise.

dade – diz ele – é como o beijo do príncipe da Bela Adormecida: desperta qualquer criatividade. Ser espontâneo, no entanto, não é fácil em nossa sociedade e em nossa época.

Uma vez que o tema é muito amplo e as integrantes do grupo não tinham problemas específicos com ele, decidimos abordar a criatividade na vida. Não só as atividades que desempenhamos põem à prova nossa criatividade: às vezes é a vida que nos desafia. Nesse sentido, buscamos cenas nas quais uma situação difícil foi resolvida com criatividade. As cenas surgidas foram coincidentes.

Criatividade para crescer. Guille trouxe uma cena com a mãe em sua cidade natal: é o momento em que conta a ela que, contra sua vontade, vai estudar no México. É um momento de ruptura muito difícil, mas que enseja o início de uma vida própria para Guille; permanecer morando com a mãe é continuar sendo a menorzinha, o que é asfixiante. Sair é um risco, mas também implica crescer e se desenvolver.

Criatividade para pensar. Debbie atua o momento em que anuncia à família (de origem judia) que vai se casar com um não judeu. Os pais ameaçam deserdá-la; ela, com muita tristeza, diz-lhes que além de a educarem como uma menina judia a ensinaram a respeitar raças, credos e ideias e a não discriminar ninguém por ser diferente: aquele era o resultado de tal educação.

Mais tarde, a mãe vai ao quarto de Debbie e a abraça por um longo tempo. A mãe se casou com "o homem adequado" sem amor nem convicção, mas logo aprendeu a amá-lo e a respeitá-lo. Sua filha está seguindo outro caminho. Sem palavras, a mãe dá permissão para que a filha o siga; no papel da mãe, Debbie murmura como se expressasse em voz alta os pensamentos dela: "Dou a você permissão para que faça algo diferente do que eu fiz; dou permissão para que escolha seu caminho; dou permissão para que seja feliz à sua maneira".

Criatividade para aprender. A cena de Delia é também um momento de rebeldia: quando anuncia à mãe e ao padrasto que não quer frequentar o curso técnico de secretariado, mas fazer cursinho para entrar na faculdade. O padrasto se irrita e a ameaça, mas Delia demonstra tanta convicção que ele não consegue dissuadi-la; a mãe a observa com orgulho secreto.

Ao comentar as cenas, percebemos que ser criativa significou romper com o estabelecido, com os planos dos pais e com o que se espera de uma mulher, da filha mais nova ou de uma jovem judia. Também comentamos que o personagem da mãe continua aparecendo com grande intensidade em todos os assuntos relacionados ao feminino. Ser criativa, para algumas mulheres, é seguir um caminho diferente do da mãe ou realizar um desejo secreto delas, fazendo o que elas não puderam fazer.

Proponho um jogo dramático para encerrar a sessão: cada uma deverá colocar sobre uma almofada pequenos objetos, expressando assim sua criatividade. O jogo torna-se divertido quando cada uma dá nome à sua criação:

- Uma flor em uma chaleira.
- Guardanapos que parecem flores.
- Torta de peixe que parece lagosta.
- Várias blusinhas de cores diferentes combinando com o vestido.
- Trocar um pneu em cinco minutos usando um banquinho de apoio.
- Conseguir chamar um homem que esteja passando para que troque um pneu em cinco minutos.

QUINTA SESSÃO – A MULHER SÓ OU MUITO ACOMPANHADA

O tema da mulher sozinha ou muito acompanhada surgiu na discussão de expectativas que fizemos no começo. O grupo deu esse nome à sessão por considerar que a mulher passa por esses extremos durante sua vida de relações mais próximas: quando os filhos são pequenos, a sensação é a de não ter um minuto para si, mas logo "os filhos crescem e a casa se esvazia".

Faço uma pequena introdução explicando o conceito de átomo social. Entrego lápis e papel às participantes e dou-lhes liberdade para desenhar livremente ou realizar uma escolha segundo os critérios sociométricos: positivo, negativo e neutro, cada qual representado por uma cor. Cada uma apresenta seu desenho e com base neles começamos a dramatizar.

O último refúgio. Lucy representa uma cena no banho, no qual fica por "horas e horas". Atrás da porta, uma multidão de personagens demanda sua atenção: os meninos brigam, um machuca o dedo, a maiorzinha precisa de um mapa para a escola, o marido não encontra a gravata listrada que é a única que combina com o terno que está usando e a mãe telefona para relatar os pormenores de suas doenças mais recentes. O chuveiro é o "último refúgio", onde Lucy encontra um bom pretexto para estar a sós. Sua imaginação tece mil fantasias enquanto a água cai, protegendo-a da realidade.

Os extremos. Delia fez dois desenhos que representam dois extremos: está muito acompanhada e está só. A primeira cena mostra Delia com uma comitiva de admiradores; a cena dá uma guinada no tema: estar muito acompanhada, nesse caso, se relaciona com a companhia masculina.

Alicia e Amelia associam suas cenas: Alicia enfatiza a sensação de ser admirada e procurada como companhia; Amelia lembra-se dos namoradinhos da escola, uma época muito breve, pois ao conhecer Roberto "seus olhos se encheram dele e então não viu mais nada".

No extremo da solidão, Delia nos leva para sua casa, em uma cena parecida com a do começo, mostrando que vive em extremos: agora tem o desejo de equilíbrio, quer gozar da solidão e ao mesmo tempo deseja a companhia dos homens.

JOGANDO A SÉRIO

Guille se dá conta de que na infância viveu momentos de muita solidão e nunca os aceitou. Trazemos então ao espaço dramático a boneca que era sua única amiga nessa época. Em um diálogo com a boneca, Guille agradece por sua companhia: é uma cena dolorosa e difícil de lembrar, mas recuperá-la produz uma sensação de alívio e libertação.

Amelia se identifica muito com essa cena e nos lê um poema que criou durante a adolescência: escreveu à solidão como se fosse um personagem que sempre estava com ela e com quem viveu muitos momentos amargos e doces.

A transição. Debbie reconhece que sua vida está em um momento de transição, já que seus filhos são adolescentes e ela deve dar-lhes liberdade. Representamos brevemente essa partida: ela os abraça e os deixa seguir seu caminho. Como pano de fundo, lembramo-nos de outra dramatização de Debbie, quando ela abraça longamente a mãe. As companheiras atuam com ela o ciclo no qual a filha se despede da mãe e a primeira, agora também mãe, se despede dos próprios filhos.

SEXTA SESSÃO – OS PERSONAGENS

Dedicamos a sexta sessão a todos os personagens femininos de contos de fada, da história mundial, dos livros, dos filmes, da televisão ou dos jornais que nos influenciaram como mulheres. Dispomos de um biombo imaginário, como os que as atrizes têm nos camarins, e cada participante que passava por trás dele se vestia de seus personagens significativos. Assim desfilam:

- Gilda (Delia): charmosa e sensual na cena do frustrado *strip-tease* com todos os homens aos seus pés.
- Alice no País das Maravilhas (Amelia) procurando um mundo diferente.

- Wendy (Guille), curiosa, deseja ver tudo que acontece.
- Frida Kahlo (Debbie), a pintora que soube plasmar seu sofrimento em belos quadros coloridos.
- Sherazade (Alicia), que soube encantar o sultão com seus relatos e salvou muitas jovens da morte.
- Cinderela (Lucy), que realiza o sonho dourado de encontrar o príncipe encantado.
- Marilyn Monroe (Delia), com sua beleza e sua solidão.
- Madre Teresa (Amelia), com sua pureza, sentada diante do papel para expressar todo amor que devotava somente a Deus, mas por meio de cuja obra conheceríamos.
- Malévola (Guille), a bruxa má.
- Mortícia (Debbie), cortando as flores das rosas e deixando somente os caules no vaso.
- Madame Curie (Alicia), mulher avançada para sua época.
- Mafalda (Lucy), fazendo sempre as perguntas mais capciosas.
- Simone de Beauvoir (Delia).
- A amante do tenente francês (Amelia), atriz e personagem em seu tempo.
- Sac Nicté (Guille), princesa maia cujo nome significa "rosa branca" e que provocou muitas guerras.
- Laurie (Debbie), a astronauta que pode dar o salto espacial temporal.
- Helena de Troia (Alicia).
- A princesa que queria viver (Lucy).
- Jacqueline Kennedy (Delia), apaixonada pelo poder.
- Margaret Thatcher (Amelia), a dama de ferro que está acima de todos os homens.
- Tinker Bell (Guille), que pode voar, mas é ciumenta e terrena como uma mulherzinha.
- Lady Charterley (Debbie), que escandaliza a sociedade apaixonando-se por um guarda-caças.
- Joana d'Arc (Alicia), que se sacrificou por sua fé.
- A fada madrinha (Lucy), primeira super-heroína.

JOGANDO A SÉRIO

- Isadora Duncan (Delia).
- Julieta (Amelia), a mais famosa das apaixonadas.
- Scarlett O'Hara (Guille).
- A cigana (Debbie), a bruxa, a curandeira de todas as épocas.
- María Callas (Alicia), a maior diva de todos os tempos.
- A Mulher Maravilha (Lucy), que faz tudo que eu faço, mas melhor.
- Sonia Amelio* (Amelia).
- Evita Perón (Delia).

Em seguida, cada uma comenta seus personagens. Delia nota que os seus se caracterizam por vários elementos: sexo, poder, prestígio, dinheiro e fama. Relaciona essa necessidade "quase mórbida" com as carências de sua história, que a impeliam a ter de ser a melhor.

Amelia observa que seus personagens se caracterizam pelo romantismo e pela inovação que a torna um pouco diferente. "Sou apaixonada pelo amor e pela magia."

Guille nota que seus personagens lutam contra tudo para conquistar seus objetivos.

Debbie escolhe personagens que têm um quê de trágico e grande capacidade para elaborar o sofrimento na vida.

Os personagens de Alicia dão a vida pelo que fazem; já os de Lucy são todos fictícios.

SÉTIMA SESSÃO – TECENDO A AVALIAÇÃO E O ENCERRAMENTO

Depois de uma boa conversa e com a ajuda de minhas anotações, fazemos uma síntese do trabalho na oficina. A síntese volta a despertar todas as emoções vividas.

Delia diz, brincando, que o único tema não encenado foi tecer.

---

* Bailarina, musicista, coreógrafa e atriz mexicana. [N. E.]

Uso essa ideia para fazer um trabalho de despedida e digo-lhes que vamos tecer um suéter do grupo de mulheres. Cada uma colocará uma meada de lã que representará o que considera mais importante no grupo; cada uma se tornará essa meada fisicamente, de forma que não só coloque em palavras o que leva da oficina como também se entrelace com o grupo no espaço dramático com um grande abraço de despedida.

Como meu caderno foi presença constante durante toda a oficina e ainda tinha algumas folhas em branco, todas decidem que cada uma escreverá algo no final. Transcrevo aqui essas anotações:

Obrigada, companheiras, por terem compartilhado
um pouco de vocês comigo e por terem recebido
um pouco da minha e da nossa vida. Amo vocês.
Guille

Há algum tempo, lendo e meditando,
cheguei a uma conclusão muito pessoal:
"A vida se aprende na vida".
Obrigada por aprenderem comigo.
Alicia

Atitudes, emoções, alegrias e tristezas
compartilhadas; foi uma grande experiência.
Muito obrigada por vivê-las comigo.
Lucy

Obrigada por tecerem comigo este suéter
que sempre vai me aquecer. Carinhosamente,
Debbie

Cada vez que percebo que o amor é o melhor remédio
que existe para curar qualquer mal-estar emocional,
sinto que os seres humanos deveriam aproximar-se mais,

em vez de sentir tanto medo. Obrigada por essas belas experiências, por este inesquecível grupo e obrigada também especialmente a você, Yuyo.
Delia

Amelia transcreveu seu poema da solidão:

Quando estás perto de mim
Sinto infinita necessidade
De ler, pensar, escrever,
Querer, amar, chorar, gritar
E, nostálgica e intimamente,
abraçar você
vaga e doce companheira
Minha solidão.
Amelia

4. Psicodrama pedagógico: intervenção em uma instituição de ensino

EM 1993, FOMOS CONVIDADOS por uma universidade mexicana, a qual chamaremos de Unimex, para fazer uma intervenção psicodramática em uma faculdade da área de humanas, a qual chamaremos de Faculdade H. Ali, um grupo-piloto de alunos apresentava problemas de relacionamento, entre eles e com a instituição.

Paralelamente a suas turmas regulares, essa faculdade tinha aberto um grupo especial, que chamaremos de Elite, formado por estudantes de melhor nível intelectual e rendimento acadêmico, todos selecionados por seu histórico escolar e por testes psicológicos aos quais tinham se submetido por ocasião do vestibular.

E assim se formou o primeiro grupo Elite, sem conhecimento prévio dos estudantes: os melhores candidatos receberam uma carta-convite para fazer parte da turma, enquanto os demais entraram nos cursos regulares. Depois que o grupo Elite ficou conhecido na universidade, os estudantes com boas notas poderiam solicitar sua admissão.

A Faculdade H tinha a expectativa de formar um grupo de diplomados com alto rendimento, que no futuro poderiam fazer parte da equipe de docentes e pesquisadores da instituição. Por isso, os melhores professores do campus seriam seus tutores e um orçamento especial foi aprovado para que o grupo contasse com todo o material tecnológico necessário.

Depois de seis meses, as autoridades responsáveis depararam com um problema inesperado: o grupo era um desastre. A concorrência dentro dele era insustentável e os professores trabalhavam com um nível de estresse que afetava seu bom desempenho; vários haviam pedido demissão e havia rumores de que os alunos os haviam "afugentado" porque não estavam "à altura" do que esperavam deles.

Para a instituição, o Elite tornou-se um grupo tirânico e, economicamente falando, muito caro; além disso, em vez de abrilhantar a faculdade, desprestigiava-a. A coordenadora acadêmica decidiu contratar nossa escola de psicodrama para que "fizesse algo" com o grupo. De fato, assim foi o pedido, concretamente: "Façam alguma coisa, por favor".

Um dos diretores da nossa escola, Jaime Winkler, dera aulas na Unimex durante muitos anos e tinha me convidado para dar cursos de extensão universitária e por isso fomos convocados para atender a essa demanda tão desesperada. Nossa primeira ideia foi fazer um diagnóstico da situação.

Pedimos três entrevistas com o grupo; com base nelas, elaboraríamos um relatório que o próprio grupo revisaria. Com o relatório aprovado pelo grupo marcaríamos uma entrevista com a coordenação do Elite e outra com os professores. Jaime e eu fizemos todo um plano de análise institucional: trabalho com alunos, professores e coordenadores, tanto em nível de diagnóstico como de intervenção.[15] Ambos estávamos animadíssimos.

O resultado, por outro lado, foi muito mais modesto. Ou não: melhor dizendo, superou nossas expectativas, e essa experiência demonstra que o psicodrama permite diagnosticar e intervir simultaneamente, de forma simples e eficiente, evitando maiores operações.

Concretamente, depois das três entrevistas com o grupo de estudantes, elaboramos um relatório cuja revisão nunca terminou, nem nunca foi apresentado à coordenação; portanto, não foi possível trabalhar nem com ela nem com os professores.

---

15. Ao melhor estilo de Loreau e Lapassade.

Assim, pensamos que a intervenção havia fracassado, que estava cancelada, que não tínhamos "feito algo". Azar. Guardei as entrevistas do grupo e o relatório (coisa que afortunadamente sempre faço) pensando em aprender com essa experiência (o que infelizmente nem sempre consigo). A coordenação não insistiu que apresentássemos o relatório a eles e por isso nos pareceu que nossa atuação ali havia se encerrado.

No ano seguinte, para nossa surpresa, a coordenação voltou a nos contatar. Dessa vez a demanda nos pareceu muito engraçada: os alunos do Elite do segundo ano *também* queriam ter "um curso de psicodrama". É preciso dizer que:

a) O primeiro grupo terminara honrosamente seu primeiro ano, com poucas desistências, e já estava cursando o segundo ano sem maiores problemas. Além disso, o rendimento era bom.

b) A instituição não havia nos contatado porque a intervenção fora exitosa. O relatório não pareceu importante para eles: os objetivos tinham sido cumpridos.

c) Os calouros haviam ouvido falar, por seus companheiros, sobre o "curso de psicodrama" e também queriam tê-lo. Embora a coordenação tenha advertido de que o curso era "muito forte", "muito inovador (?)", eles insistiram.

Desde então, quase todo ano a demanda se repete. Os estudantes passam para o novo grupo a informação de que existe a possibilidade de fazer o curso de psicodrama. A instituição os adverte de que o curso é "muito forte" e, se eles aceitam essa condição, a coordenação nos contata. E nós aceitamos, ainda que saibamos que realmente não damos "um curso". Cada vez que chega um novo grupo do Elite, recebemo-los e ouvimos suas expectativas. Em geral, sob a demanda explícita de aprender psicodrama, existe outra demanda, implícita, de trabalhar com o grupo, com sua inserção no Elite e com sua relação com a instituição.

Na verdade, cremos que nos cursos universitários sempre falta um espaço que permita refletir sobre a aprendizagem, sobre o grupo, sobre sua relação com a instituição e sobre o papel profissional em questão. Essa história com o Elite permitiu-nos oferecer esse espaço, com o consentimento da instituição.

A INTERVENÇÃO: O PRIMEIRO GRUPO

PRIMEIRA ENTREVISTA: A DESESPERANÇA

São 11 participantes. Informam-nos de que não os avisaram a tempo sobre a reunião. Jaime explica que a coordenação do Elite nos pediu a intervenção, mas que antes queremos saber se eles têm interesse em trabalhar conosco. Jaime propõe três entrevistas de diagnóstico grupal para verificar se há alguma demanda por parte deles. Nessa primeira entrevista, o tom geral é de queixa:

- Suas expectativas como estudantes foram frustradas. As promessas iniciais não se cumpriram.
- Há uma grande desorganização: falta comunicação em todos os níveis (entre eles e a coordenação, entre eles e os professores, entre os professores e a coordenação). A forma como lhes avisaram da reunião de hoje é um exemplo.
- O sistema não está definido e não há normas claras.
- Perde-se tempo em atividades improdutivas e há pouca aproximação com a prática.
- Não há coesão entre o Elite e os grupos *normais* (expressão usada por eles).
- Os bons professores estão tão ocupados que não dão assistência aos alunos, e os que o fazem são ruins.
- Ser um grupo *especial*, de bom nível, lhes traz mais problemas que satisfação: são muito exigidos, são prejudicados nas provas, têm pouca independência como estudantes; estão presos.

- Têm feito muitos questionamentos sem obter respostas. Cansaram-se de dizer sempre a mesma coisa para nada acontecer. Também estão céticos quanto à nossa participação. Já tiveram espaços semelhantes sem resultado positivo – por exemplo, um grupo operativo.

No entanto, fala-se também dos aspectos positivos:

- Estar no Elite confere prestígio e estimula a superação pessoal.
- Há acesso a bons professores e estes se dedicam mais.
- Há menos trâmites administrativos: por exemplo, não precisam se matricular.
- Têm mais recursos materiais que os grupos *normais*.

Essa primeira reunião foi trabalhada verbalmente. Jaime foi o moderador e eu tomei notas. Ao final, propus um trabalho de psicodrama interno dirigido para que cada um entrasse em contato com o significado pessoal de estar no Elite. Ensejei um breve relaxamento no qual sugeri que deixassem que tudo que fora falado e discutido na reunião se concretizasse em uma imagem, uma sensação corporal ou uma emoção.

Ao compartilhar o vivido nessa pequena experiência, os estudantes comentam que ser *especiais* e não *normais* tem certa carga afetiva, boa ou ruim; além disso, como estudantes, contrasta sua rebeldia diante de ser mandados e exigidos com sua necessidade de ter um guia.

Quando Jaime e eu comentamos sobre a reunião, ficamos com a impressão de que:

- O grupo considera que a responsabilidade principal dos conflitos é da instituição.
- Os alunos acreditam que podem fazer muito pouco para melhorar sua situação.
- Predomina a desilusão sobre a esperança.

SEGUNDA ENTREVISTA: NEM TUDO FOI TÃO MAL

Jaime está viajando e eu coordeno a segunda entrevista. Participam dela 12 estudantes; dessa vez, também se atribui a baixa participação à falta de comunicação por parte da instituição. Contudo, a data foi acordada com os 11 presentes na primeira reunião, mas só quatro deles estão presentes.

Esses quatro alunos e eu fazemos uma síntese da reunião anterior. O clima é de ceticismo, mas alguém diz: "Bom, se isso não serve para nada, pelo menos nos inteiramos do que é psicodrama". A frase agrada.

Organizo a sessão seguindo os passos e as técnicas do psicodrama. No entanto, trabalho no nível sociodramático, já que todo o grupo se converte em protagonista. Meu objetivo é conhecer mais amplamente o grupo em questão.

O aquecimento consiste em que cada um imagine um álbum em que guarda as fotos mais significativas da sua história no Elite. Entre todas, escolhem quatro, as quais vão me contar – e a eles – a história do grupo. Na fase da ação dramática, as cenas se dramatizam em ordem cronológica.

Utilizo o termo *cenas significativas* com o propósito de não dar uma conotação de *boas* ou *más*; ainda que o grupo escolha, sem chegar a um acordo, contar a história *boa*, a das recompensas.

- A primeira cena descreve a emoção e o orgulho de receber a carta-convite para participar do Elite. É uma cena que vai se armando entre todos porque todos querem participar. Há muitas lágrimas.
- A segunda enfoca um protagonista: um professor ajuda um aluno em um momento de dúvida vocacional, estimulando-o a participar de pesquisas e trabalhos práticos que o ajudarão a se definir. É uma cena de gratidão.
- A terceira sintetiza, em uma carta de parabéns pelo desempenho escolar, as recompensas que todos receberam em algum momento. Novamente todos querem participar, trazendo a

emoção de ser reconhecidos, os cumprimentos públicos, os prêmios e estímulos.

- A quarta cena é uma sugestão minha: proponho uma foto desejada do futuro que todos quisessem colocar nesse álbum imaginário. Com extrema rapidez eles escolhem a foto. Estão terminando a corrida todos juntos: é a graduação. Destaca-se o *todos juntos*, desejo que será retomado na última reunião.

Antes de ir embora, deixo meus telefones para facilitar a comunicação e confirmar a data da próxima reunião.

TERCEIRA ENTREVISTA: CUIDADO, OU O BARCO AFUNDA!

Participam oito estudantes; dois deles estiveram nas reuniões anteriores, outros dois só na segunda, um na primeira e para três deles era a primeira vez. Repete-se a queixa: avisaram-lhes um dia antes da reunião; dessa vez tinham meus telefones, mas ninguém me ligou.

Começamos por unificar a informação. Embora os participantes da segunda reunião tenham transmitido certo entusiasmo (pelo psicodrama) e algum otimismo (pelo futuro do grupo), o psicodrama não vivido dificilmente é compartilhado porque o que predomina é o ceticismo.

Explicamos que o Elite está desaparecendo; nem a instituição faz o que deve nem o grupo conhece sua força. Proponho-lhes passar à ação e peço que representem, com uma escultura ou imagem em movimento, todo o grupo. Representam um barco que está afundando.

- Há um engenheiro que está muito ocupado com os outros barcos do porto (seguramente as autoridades da universidade, para quem o Elite é um projeto importante, mas apenas um projeto).
- Há um maquinista (a coordenação) que dorme porque o engenheiro não manda carvão suficiente para o barco.

- Há um capitão (a coordenadora que nos contatou) que põe a tripulação para remar com entusiasmo, mas é muito jovem: trata-se de um *capitão novo*, que necessita de mais tempo para aprender como funciona o barco e cai como uma âncora pesada. Todos ficam como nas histórias em quadrinhos, remando no ar sem avançar.

Jaime e eu intervimos somente para ajudar a construir a imagem. Usamos algumas técnicas do psicodrama para ampliá-la: entrevistamos determinados personagens e perguntamos como se sentem nesse lugar do barco, entre outras coisas; no entanto, está claro que a ação depende deles. De imediato um marinheiro propõe que se organizem: "Levantemos as velas para chegar mais rápido ao porto", diz. Então surge a desordem:

- Cada um rema para um lado.
- Alguns param de remar.
- Um deles propõe se jogar na água com os coletes salva-vidas: salve-se quem puder!
- Outro propõe remar até a morte.
- Alguém se aproxima do *capitão novo* para contar-lhe a história do barco.

No meio do oceano, Jaime e eu perguntamos em que podemos ajudar.

- Uns querem que auxiliemos o maquinista e o capitão a navegar o barco.
- Outros sugerem que sejamos um instrumento de comunicação entre eles e a tripulação.
- Alguém pede que nós os organizemos para remar melhor.

Jaime esclarece que não conhecemos muito sobre máquinas nem combustível, tampouco sabemos até que ponto os

JOGANDO A SÉRIO

engenheiros e os maquinistas nos deixariam pesquisar o assunto. Só podemos ajudá-los a ver o que acontece para que eles decidam o que fazer. E isso só pode acontecer se estiverem dispostos.

Voltando à imagem da tripulação desorientada que rema para qualquer lado, advirto que intervir nesses momentos pode doer; talvez seja preciso analisar discordâncias entre eles, competências, interesses distintos, vontade de se jogar ao mar de colete salva-vidas ou de dizer aos demais o que devem fazer.

Ficamos de elaborar um relatório que será revisado por eles antes de ser enviado à coordenadora. Preparamos o documento de imediato e o entregamos aos alunos, mas depois de vários telefonemas nos damos conta de que a revisão nunca terminará; a coordenadora também não se interessa pelo relatório. Elaboro minha crônica e a guardo. O oceano some no silêncio.

PROCESSA-SE A EXPERIÊNCIA: O QUE ACONTECEU? O QUE FOI FEITO?

Definitivamente não houve uma intervenção institucional, apenas uma breve intervenção grupal que, também, se projetou apenas como um diagnóstico da situação. O método que utilizamos foi o do psicodrama pedagógico.

Seguimos os passos do psicodrama pedagógico e utilizamos suas técnicas, desde a primeira entrevista, para conhecer as expectativas do grupo, trabalhando verbalmente na maior parte do tempo. Pode-se dizer que trabalhamos no nível de sociodrama todo o tempo, já que o grupo sempre foi o protagonista, ainda que às vezes a ação centrasse em um indivíduo.

É interessante ressaltar que nesse caso a denominação *grupo* é genérica, pois, apesar de formado pelos estudantes do Elite do primeiro ano e da primeira geração, sua composição mudou a cada entrevista. Poucos prosseguiram com a experiência, mas eles parecem funcionar como representantes ou, de acordo com a linguagem de grupo operativo, como porta-vozes dos temas grupais emergentes.

Em termos de psicodrama, posso dizer que com esse grupo, de composição variável, mas coerente na temática, pude trabalhar com a *trama grupal*, planejar o conflito e começar a elaborá-lo.

O QUE HOUVE EM NÍVEL DIAGNÓSTICO?

A experiência não deu dados suficientes para inferir o que acontecia com a instituição, com os coordenadores e com os professores. Só podemos falar desse grupo concreto de alunos, que parece ter conseguido, ao menos, iniciar uma mudança em sua relação com as outras instâncias da instituição. Vejamos o que acontecia com o grupo.

- Pertencer ao Elite implicava uma exigência maior: eles tinham de ser os melhores e *especiais*. Era uma grande responsabilidade e um compromisso difícil de manter.
- Ser *especial* significava deixar de ser *normal*.
- A exigência era percebida nas autoridades, que os prejudicavam nas provas e os mantinham presos; mas era fundamentalmente uma autoexigência muito forte que os levava a competir entre si.
- Outra maneira de regular a autoexigência era exigir também dos professores e da instituição; tratava-se, ainda, de uma forma de evitar tamanha responsabilidade: "Damos a vocês todo o necessário para que sejamos sempre os melhores. Não conseguimos atingir esse objetivo por culpa de vocês".
- O comportamento do grupo diante de nós deixava entrever que eles tinham responsabilidade pelo que estava acontecendo, pois sempre se queixavam de que não os avisavam a tempo das reuniões, mas não faziam nada para se informar – nem quando lhes dei meus números de telefone.
- Mantinham uma atitude passiva disfarçada de protesto.
- A autoexigência os impedia de receber da instituição tudo que poderiam. Talvez porque receber, ser passivo, às vezes precisar de orientação ou ter necessidades significava algo como *ser normal*.

JOGANDO A SÉRIO

ENTÃO, QUAL FOI A INTERVENÇÃO E O QUE MUDOU?

- Em primeiro lugar, expor claramente suas queixas e reclamações revelou algumas contradições, sem que nós tivéssemos de verbalizá-las.
- O breve psicodrama interno da primeira entrevista lhes permitiu começar a perceber o que significava estar no Elite. Para muitos, só confirmava o lugar que já ocupavam na família: o brilhante, o perfeito, o melhor irmão, o que tem de conseguir tudo. Enfim, um lugar difícil e pesado.
- Na segunda entrevista, eles fizeram contato com o que efetivamente haviam recebido da instituição: emoção, honra, prestígio, ajuda, reconhecimento.
- Na terceira, o tema foi sua responsabilidade como grupo, que já se havia mostrado na entrevista anterior: que foto vocês querem que seja a imagem do futuro?
- A resposta do grupo foi muito positiva: não vamos continuar observando o que fazem o engenheiro, o maquinista e o capitão, pois isso vai afundar o barco: o barco é de todos. Rememos juntos, pensemos que as coisas não são perfeitas, muito menos nosso grupo, e façamos o melhor com os recursos de que dispomos.

Isso parece ter sido tudo. Se o grupo conseguiu, depois disso, que a instituição fizesse mudanças efetivas e que o *capitão novo* aprendesse sozinho, nunca saberemos; mas o grupo utilizou eficientemente seus recursos, integrou-se melhor e assumiu sua responsabilidade na situação para chegar ao fim da viagem com *todos os membros juntos*. Ao que parece, foi esse o resultado da nossa intervenção.

QUAL É O PAPEL DO PSICODRAMA PEDAGÓGICO NO CAMPO DA INTERVENÇÃO?

Obviamente, essa experiência não nos permite generalizar, mas creio ser possível tirar algumas conclusões que poderiam ser colocadas à prova em uma prática mais extensa:

a) A intervenção em situações grupais de conflito é um dos campos do psicodrama pedagógico.
b) O psicodrama pedagógico contribui para criar um espaço de reflexão na aprendizagem.
c) O espaço de reflexão criado influencia não somente o nível reflexivo racional como as emoções, os sentimentos, as sensações corporais e a ação.
d) O espaço dramático funciona, por si só, como uma metáfora do espaço de reflexão que se oferece ao grupo.
e) O trabalho com cenas e imagens permite abordar os conteúdos grupais de tal maneira que na pesquisa surge a possibilidade de elaboração e mudança.
f) Sendo o psicodrama um método criado no, pelo e para o grupo, ele favorece a investigação grupal e a elaboração de situações grupais de conflito ou de crise.[16]

SEGUNDA PARTE: DEPOIS DA INTERVENÇÃO

O grupo Elite agora tem uma história conosco. A intervenção relatada anteriormente aconteceu em 1993; agora apresentaremos o relato do grupo de 1997. Sua leitura pode servir para termos uma ideia do que aconteceu tanto nas gerações seguintes do Elite como na evolução do nosso trabalho como psicodramatistas.

PRIMEIRA AULA – UMA PAUSA NO CAMINHO: SILÊNCIO, POR FAVOR!
Cada vez que chega um novo grupo Elite à nossa escola, os corredores se enchem de burburinhos alegres. Dessa vez não é exceção: os jovens entram em pequenos grupos, brincando entre si; deixam os armários cheios de mochilas e tênis de todas as cores. Como sempre, as mulheres são grande maioria. O lugar onde nos

---

16. O exemplo aqui se refere a uma instituição de ensino, mas é possível trabalhar de maneira similar em qualquer tipo de grupo.

reunimos é um ambiente diferente do da universidade onde eles têm aulas; nele parecem sentir-se bem-vindos: ficam encantados com as almofadas, os travesseiros, as luzes.

Aproveito a mudança de ambiente e o que sei que significa esse espaço para os grupos Elite para dar forma ao primeiro trabalho dramático que vamos fazer juntos.

Ajudo-os a relaxar usando a respiração e dirijo um psicodrama interno, uma fantasia dirigida: "Cada um caminha por uma trilha observando, em ambos os lados dela, cenas de sua vida cotidiana, do trabalho, das aulas, da família, dos amigos. Prestem atenção ao ritmo da caminhada. Logo vocês chegarão a uma pausa no caminho. Pode ser uma clareira no bosque ou uma praça na cidade. Detenham-se. É um lugar para refletir. Agora, convidem imaginariamente o grupo para compartilhar esse lugar".

Esta é, metaforicamente, minha proposta: usemos esse espaço para refletir juntos enquanto aprendemos sobre o psicodrama. A vida passa rápido e muitas vezes não nos detemos para ver o que acontece ao nosso redor; não nos damos conta do que sentimos: encontremos uma parada no caminho, sugiro.

Peço-lhes que passem para o espaço dramático e se distribuam pela paisagem. O grupo vai entretecendo lugares claros do bosque com as margens dos rios, a areia do mar, montanhas e penhascos; ao fazê-lo, os subgrupos habituais vão se desfazendo para compor outros. De onde estão, fazem um convite e um pedido ao grupo. Pedem respeito, pedem que compartilhem, pedem sinceridade, pedem qualidade, pedem tranquilidade. Em um extremo da sala, Marcos, que ao final acabará sendo o único homem do grupo, construiu um refúgio baixo, uma grande caverna imaginária; seu pedido me pareceu engraçado: "Silêncio, silêncio, por favor!"

Como sou uma coordenadora muito perspicaz, entendo que no grupo há excesso de ruído. Mais adiante, em um trabalho de sociometria em ação, conheço melhor seus integrantes. Percebo que têm entre 18 e 24 anos; que não trabalham; que a maioria pensa em especializar-se em psicologia clínica. Algumas querem seguir a área educacional e social e uma delas pensa em seguir a psicologia do trabalho. A maioria é, como eu, composta por irmãs mais velhas; há duas filhas únicas.

Perguntam-me o que eu acho do grupo e faço as que perguntam passar para o meu lugar para observar o grupo da minha condição de coordenadora. Parece que a principal preocupação delas é o grupo. Já saberei. Ao final da aula Jaime chega; ele fala das especificidades e das regras do jogo de psicodrama.

SEGUNDA AULA – UM NOVO DIA

Essa é uma aula mais curta dedicada quase toda ao processamento: vemos os passos do psicodrama, seus recursos e as definições de psicodrama, sociodrama e sociometria. O único homem presente é Marcos, mas chegam três novas companheiras. Por esse motivo peço ao grupo que, no espaço dramático, represente novamente a parada no caminho grupal e convido as novas estudantes a encontrar um lugar na paisagem.

Ao refazer a imagem, os comentários parecem indicar mais claramente que no grupo há velhas histórias que não foram elaboradas e estão prejudicando as relações atuais. As três novatas se colocam em lugares diferentes; uma delas diz que convida os companheiros a "observar o novo dia".

Uso a feliz expressão para fazer uma proposta referente ao futuro. Como gostariam que fosse o novo dia desse grupo, que passinho cada um vai dar para que tal dia seja possível? Jaime chega também ao final e volta a refazer a imagem.

TERCEIRA AULA – O ÁLBUM DE FOTOS: UMA ORQUESTRA DESAFINADA

Nessa aula Lupita, uma psicodramatista em treinamento, nos acompanha e se encarrega da observação; o relatório que nos entrega é muito completo. Depois de recordarmos a aula anterior e de fazer um breve trabalho de relaxamento, dirijo o psicodrama interno do álbum de fotos. Peço-lhes que observem as fotos imaginárias que guardaram no álbum que contém toda a história que viveram no Elite. Não precisa ser fotos reais: bastam os instantâneos do coração e da memória.

Já no espaço dramático, compartilham suas fotos e se dividem em subgrupos, de acordo com a localização cronológica de sua foto: início, meio e momento atual do curso. Como parte do aquecimento, faço uma foto que sempre achei muito emocionante: dos momentos em que eles recebem a notícia de que foram aceitos no Elite e são convidados a participar dele.

Primeira foto: convite para participar do Elite. Em uma roda, cada um apresenta o momento em que foi admitido no Elite ou convidado a participar dele: recebem uma ligação ou um comunicado. Peço-lhes que façam um solilóquio (dar voz aos pensamentos e sentimentos). A maioria mostra surpresa: "Que será isso?", "De que se tratará?", "Que estranho, eu tinha compromisso à tarde!"

Os mais otimistas dão rédea solta a suas esperanças: "Será que me darão uma bolsa de estudos?" Os mais desconfiados ficam preocupados: "Será que todos foram selecionados?", "Não será tudo um trote, uma brincadeira?", "Acho que não vou ser aceito".

Segunda foto: o Bolero de Ravel. Começa o curso. A cena acontece na sala 9 de psicologia: o número 9 nos persegue; quando a aula não é na sala 9, é na 19. Todos estão sentados em semicírculo assistindo a um espetáculo na TV: uma orquestra interpretando o *Bolero de Ravel*. A peça é difícil, mas a orquestra tem uma coordenação perfeita. A protagonista pensa: "Sinto-me angustiada, não sei se vamos nos dar bem nem como vamos trabalhar em equipe."

Terceira foto: integração... e perdas. Final do primeiro semestre. Trocam-se cartões de fim de ano. Há aplausos e abraços; todos estão contentes. Nelly decide fazer uma foto: ao elencar seus companheiros, fica claro que muitos já não estão presentes: Giselle, Jorge, Linda, Betty, Rosália, Lizza, Vanessa... o clima fica triste.

Peço que os que estão representando os companheiros ausentes se retirem em câmera lenta enquanto os demais se despedem deles. Alguns se aproximam para a despedida. Há lágrimas e frases comoventes. "Sinto muita saudade", "Ainda preciso de muitos de vocês", "Tomara que estejam bem", "Espero que não tenham ido por nossa culpa", "Amo vocês", "Contem comigo".

Quando vão embora, dessa vez depois de uma despedida consciente, voltamos a montar a fotografia e a alegria retorna.

Quarta fotografia: divisão. Semestre anterior. O grupo discute se deve ou não destituir um professor; não entram em acordo. Uns dizem que ele é péssimo, outros que já mudou de atitude e outros querem votar. Ofereço para a protagonista um ego-auxiliar para que se veja em um espelho. Seu comentário é: "Dói-me ver a divisão".

A cena não termina aí; algumas alunas pedem para agregar a ela certos detalhes que doeram ou as enojaram. Atua-se a saída de Marcos, que vai embora sem opinar e, ao sair, é claro, diz em solilóquio: "Estou farto de tanto barulho".

O *Bolero de Ravel* está saindo muito desafinado. Peço que peguem uma almofada e expressem com ela aquilo de que necessitam para trabalhar em harmonia como grupo. Cada uma vai dizendo algo. Peço-lhes que pensem se isso já aconteceu antes. Estamos trabalhando um sociodrama em grupo e não vamos dramatizar agora cenas regressivas, ainda que me pareça oportuno que cada uma as focalize e as conheça, pois em geral essas velhas cenas escurecem o presente com seus antigos fantasmas.

Digo-lhes que há pouco tempo li que os xamãs de determinadas tribos creem que nessas velhas cenas conflituosas as pessoas "perdem a alma". Para que se curem, o xamã deve *soprar* a alma perdida de volta para dentro dos doentes. Peço que

JOGANDO A SÉRIO

imaginem que sou capaz de fazer esse sopro mágico do xamã. (Tenho esses caprichos, que posso fazer? Além disso, a imagem é linda, não?)

Os participantes ordenam as almofadas em quatro grupos de assuntos pendentes.

1. O primeiro, no qual está Marcos, opta pela indiferença e pela *liberação*, deixando as almofadas soltas e separadas, livres, com o objetivo de evitar conflitos.
2. O segundo sente que há barreiras de desconfiança que os impedem de expressar e dizer as coisas.
3. O terceiro traz pendências relacionadas com a solidão e a tristeza.
4. O quarto quer revisar dentro do grupo as velhas histórias e os desentendimentos que ainda não foram elaborados.

Agora os grupos fazem esculturas:

1. A primeira, do grupo dos *indiferentes*, chama-se "Porque não quero". O grupo explica que a indiferença às vezes é útil para desligar-se, mas que também tem um custo muito alto: isso os impediu de se aproximar dos outros, de ajudá-los e de desfrutar de sua companhia. Pedem respeito aos colegas.
2. A segunda se chama "Metamorfose": é uma escultura em movimento, iluminada pela luz azul. Pedem ao grupo compreensão, menos exigência e mais tempo.
3. Na terceira, as integrantes dão-se as mãos no centro para mostrar, à luz azul, um pequeno rouxinol. Pedem respeito e união enquanto mostram que a integração do grupo é tão frágil e ao mesmo tempo tão valiosa como o pequeno pássaro que dá nome à escultura.
4. A quarta escultura representa os desencontros do subgrupo: chama-se "Conversando a gente se entende". O grupo pede que se fale; pede escuta e comunicação.

As esculturas se observam em silêncio. Jaime chega a tempo de vê-las. A seguir faz o seguinte comentário: "Lembrem que temos um compromisso de sigilo entre nós e que qualquer conflito que surgir durante a semana aparecerá nos próximos encontros".

QUARTA AULA – AS BARREIRAS E OS IRMÃOS

Nessa aula, o observador é Amín. Dirijo primeiro um psicodrama interno no qual as pendências da aula passada se ordenam em cestas imaginárias. Peço-lhes que fiquem em pé de maneira diferente, o que lhes causa muitas risadas; depois, todos estão deslizando pelo espaço dramático patinando, nadando, voando. Finalmente imaginamos três grandes cestas para organizar as pendências: as que não têm relação com nossa aula, as do grupo e as teóricas.

O grupo escolhe trabalhar com as pendências grupais. Escolhemos as que se referem a alguns companheiros, centradas no plano pessoal. Em seguida os participantes são divididos em subgrupos e trabalham os assuntos pendentes entre eles: falam, reclamam, choram, abraçam-se.

Depois, María, Reina, Josefa, Petra e Agnes se posicionam em um círculo central: elas querem discutir as pendências com o grupo, mas centradas no pessoal. Todas mostram dificuldade de expressar seus sentimentos, de pedir aquilo de que necessitam, de se integrar de verdade no grupo. Josefa expressa sua dificuldade mediante um bloqueio que a faz ter um branco e não conseguir me responder. Também há algumas pequenas cenas iniciais em que se vê essa dificuldade.

Dirijo-me ao pequeno subgrupo como se fosse um só protagonista e o resto do grupo também intervém. Chamamos a dificuldade de *barreira* e parte do grupo a representa fisicamente; a outra parte representa os personagens da vida que fizeram que a barreira se formasse.

Sugerem-se as cenas regressivas sem dramatização, mas sabemos que serão cenas de abandono, solidão e repressão do afeto; também sabemos que as barreiras são uma tentativa de se proteger desses conflitos. Durante o trabalho, Agustina se une às protagonistas para acrescentar a situação da morte de um ente querido.

Usando a técnica da inversão de papéis, exploramos todos os aspectos do drama e chegamos a um começo de perdão e reparação. No compartilhamento, aqueles que não haviam protagonizado encontram espaço para ter seu lugar no drama. Alguns se identificam com as protagonistas, outros sentem que sem querer atuam como barreiras para seus irmãos.

O tema dos irmãos começa a passar para o primeiro plano: nesse grupo houve barreiras entre irmãos, divisões, separações, abandono, perdas: tudo isso mobilizou velhas histórias.

Quando Jaime chega, encontra-nos chorosos, cansados, como se houvéssemos lutado corpo a corpo com os velhos fantasmas. Convida-os para fazer um trabalho de energização e liberação das emoções, o que é aceito com alegria.

QUINTA AULA – A MAGIA

Aula curta destinada ao processamento. Amín dirige o aquecimento e depois vemos as perguntas e dúvidas no espaço dramático, em movimento e com almofadas. Em geral são perguntas sobre o que faz o diretor (o que eu faço): como abordar uma pessoa que não quer trabalhar? Como trabalhar os bloqueios? Como se identifica o problema que será tratado? Como percebo que alguém tem um problema? Como planejo cada sessão? E, por fim, surge uma pergunta muito simpática: que papel tem a magia?

Como trabalharam em movimento, não voltam às suas almofadas; de forma muito espontânea, sentam-se no espaço dramático. Estou em pé falando de teoria, ajudada por Amín, mas logo percebo que sinto como se estivesse contando uma história e eles assim me ouvem: sorridentes, interessados, esparramados no salão como se fosse um jardim.

De certa maneira parecem crianças, mas também parecem ter crescido. Livraram-se de alguns fantasmas e pesos que os perseguiam e agora estão prontos para aprender a fazer o que eu faço. Amín fica como uma geração intermediária. Todos são meus aprendizes de magia.

SEXTA AULA – A PRESENÇA DE JAIME

Jaime dirige esta que é a penúltima aula e eu fico como observadora. Isso produz uma mudança importante. Começa a aparecer um clima de equilíbrio. Com os dados resultantes de uma frase incompleta – "Não queria sair do grupo sem..." –, detectamos vários temas que representamos com a almofada de cada um:

1. O que nos deixa o psicodrama: equilíbrio cognitivo-emocional.
2. Como ficam as relações do grupo.
3. Desconfiança e ressentimento.
4. Assuntos pessoais.

Os participantes se distribuem ao redor das almofadas. A maioria se dirige para o espaço reservado ao segundo tema; o grupo continua sendo o assunto central. Jaime se aproxima de cada um dos subgrupos e lhes dá instruções para que apresentem uma cena. Propõe uma sequência que permita primeiro observar as resistências e, em seguida, a criação de um clima grupal que seja continente para receber algo pessoal. Assim teremos um psicodrama centrado em um protagonista:

- Desconfiança e ressentimento.
- Relações dentro do grupo.
- O pessoal.
- Se sobrar tempo, equilíbrio.

Primeira cena: o *"fedbac"*. É uma aula do primeiro trimestre. Três companheiras vão fazer uma apresentação sobre estruturalismo; uma delas, ao falar de *feedback*, pronuncia a palavra erroneamente *(fedbac)* e muitas riem. O professor tenta moderar a situação dizendo: "Em vez de rirem, deveriam ajudá-la"; mas aquela que cometeu o erro sente raiva e humilhação: seus sentimentos são representados com almofadas e ela as leva quando termina a apresentação.

Jaime põe todo o grupo para trabalhar a cena: há um grupo de *humilhadas* e outro de *zombeteiras*. Falam entre elas, mandam mensagens, trocam de papéis, pedem perdão e terminam com uma guerra de almofadas; tudo é muito divertido, mas com ordem:

vaidosas	complexadas
exibidas	vá rir da sua avó
arrogantes	bobas
críticas	reprimidas

Eu sinto que você...

Jaime aproveita o tema para fazer um breve trabalho grupal. Pede que os membros do grupo se movam no espaço e busquem diferentes encontros aplicando sucessivamente as seguintes frases:

- "Eu sinto que você..." ou "Eu te sinto..."
- "Eu acho que você é..." ou "Parece-me que você é..." e "Diante disso eu me sinto..."
- "Eu me sinto (ou necessito)...", "Eu quero que você..."

Jaime explica que a fórmula *Eu sinto que você* esconde uma interpretação, sendo, portanto, necessário diferenciar o "eu sinto" do "eu penso" e do "eu necessito".

Segunda cena: relações grupais, a fuga. Todos estão na sala esperando uma professora para aplicar uma prova. Ela está meia hora atrasada. Decidem todos ir embora de uma só vez. Catalina sugere: "Pelas escadas do fundo, caso ela chegue!" Duas companheiras (que não são do psicodrama) ficaram porque querem fazer a prova e alguém chega para buscá-las. Logo comentam que aquilo é consequência do psicodrama. Que sucesso, não? Os professores do Elite vão nos adorar.

Terceira cena: um contrato que não deixa crescer. A próxima dramatização será centrada em um protagonista. A protagonista é María e a questão que mais uma vez surge é: "Por que não posso dizer o que quero?"

A cena é na casa de María: ela está sentada com a mãe na sala. Jaime faz uma entrevista no papel da mãe. Diz que se sente tranquila, desfrutando da casa agora que não trabalha. Ela diz a María:

— Precisamos ir à casa da sua tia. Não me importa que você já tenha compromisso: temos de visitá-la porque ela está enferma.

María chora e faz um solilóquio:

— Ela não me deixa ser como sou, sinto angústia, desespero e opressão no peito.

Jaime pede a María que escolha um ego-auxiliar para representar a opressão no peito e ela escolhe Nelly. Assim se *concretiza* a sensação física e se faz uma inversão de papéis para ouvir a mensagem da opressão:

— Eu estou aqui porque você não se atreve a desafiá-la.

Em tom suplicante, María fala com a mãe e também com a opressão. María conta a Jaime algo a mais: a relação com o pai de María durou pouco; ela tinha muita vontade de ter a menina, mas logo se deu conta de que era uma grande responsabilidade. Trabalhou, seguiu em frente, mas agora diz à filha:

— Eu já me sacrifiquei. AGORA É A SUA VEZ.

Jaime pergunta a María se alguém poderia ajudá-la. A relação parece não ter saída. Sua avó, que cumpria a função materna enquanto a mãe trabalhava, já morreu; o pai é ausente, parece ter pouca presença na vida de María.

Jaime poderia representar esses personagens ausentes ou explorar o momento em que María ficou nessa situação, somente ela e a mãe, mas escolhe maximizar o conflito fazendo que a protagonista exprima em palavras esse contrato secreto que há entre as duas:

— Eu sou sua única filha, tenho de cuidar de você como você cuidou de mim.

Fala como se lesse um contrato legal:

— Hoje, dia tal do ano tal...

Ao se tornar explícito, o contrato adquire um caráter trágico. A mãe diz que é justo. María decide rompê-lo. Ao final, a mãe aceita:

— Vai me doer muito — diz. Mas eu não sabia que ela se sentia mal. É uma boa filha.

Jaime está propiciando a *cura* do papel.

A mãe agradece a María pelo seu afeto, pelo fato de ser boa filha e boa aluna. Aquilo a deixa orgulhosa. Diz que María nunca deu trabalho e, especialmente, que graças a ela viveu a experiência da maternidade.

Para María custa mais agradecer à mãe por qualquer coisa. Ainda sente raiva. Finalmente a agradece porque ela sempre lhe dava boa-noite com um beijo. Para simbolizar o crescimento de María, representa-se agora a cena ao contrário: ela é a que vai dar um beijo de boa-noite na mãe e lhe diz: "Amo você, apesar de todos os nossos conflitos".

O contrato é representado por um papel que María rompe com muita veemência. Jaime lhe entrega os pedacinhos para que ela os queime e dá ao grupo a tarefa de pensar em que velhos contratos gostariam de romper. Faz-se o compartilhamento.

Se observamos a sequência dessa aula, veremos:

- Na cena do *"fedbac"*, um professor que tenta, sem êxito, mediar uma aula.
- Um grupo que se solidariza na transgressão para escapar da prova.
- Um crescimento impossível em uma relação hermeticamente fechada com a mãe.

- A presença de Jaime, que esteve praticamente ausente até o momento. Ele ajudou, sobretudo, a determinar a organização das cenas e as regras do jogo, o que permitiu o surgimento dos temas.

Se observarmos a sequência do grupo, veremos que ela tem relação com o crescimento e a diferenciação:

- Primeiro o grupo se apresenta como um entrelaçado de paisagens, no qual se sugere que há insatisfação e velhas histórias conflituosas.
- Anseiam por um novo dia, por uma mudança.
- Quando o grupo nos conta sua história, descreve-se como uma orquestra desafinada que começou com esperança, mas sofreu perdas e divisões.
- Alguns optaram pela indiferença, outros ficaram com a desconfiança que produzem as velhas histórias e os mal-entendidos; outros sentiram solidão e tristeza.
- Faz-se necessária uma metamorfose, que acontece quando eles falam, se escutam e se respeitam. A integração grupal deve ser cuidada como um frágil e belo rouxinol.
- A mudança começa ao explorar as barreiras que surgiram entre os companheiros-irmãos e mobilizam situações conflituosas do passado.
- O grupo de crianças, então, se prepara para crescer e aprender a magia dos mais velhos.
- Primeiro, fazem isso escutando os contos da mãe-professora.
- Porém, se as crianças ficam presas na relação com a mãe, não conseguem crescer: não há limites, todas as transgressões são possíveis.
- O professor-pai é quem permite que se rompam os velhos contratos e se estabeleçam as bases para um crescimento mais profundo, embora não sem dor.

JOGANDO A SÉRIO

ÚLTIMA AULA – PARTE O VOO 919, OS FILHOS SE DESPEDEM, A ORQUESTRA TOCA MELHOR

1. Faz-se o processamento da aula anterior, quando nos detivemos na protagonização de María, já que foi a única vez que trabalhamos com foco no protagonista. Dou a palavra a María e ela diz que se sentiu muito bem, que lhe chamou a atenção tudo que pôde dizer. Esteve com a mãe e não aconteceu nada especial, mas ela se sente melhor, mais natural.

2. Jaime pergunta a Agnes, que também se ofereceu para dramatizar da última vez, se sua proposta continua vigente. Agnes diz que só queria dizer algo ao grupo. Jaime pede que, em vez de dizê-lo, apresente-o dramaticamente. Agnes apresenta assim três sentimentos muito fortes em sua vida: tristeza, solidão e raiva. Com trocas de papel, Jaime amplia essa imagem. Esses três sentimentos estão ligados a uma doença crônica de que Agnes sofre, que a obriga a submeter-se a longas internações. A mais difícil foi a primeira, aos 5 anos, quando a separaram da avó que tanto amava. Outra internação a impediu de comparecer a seu enterro. Sem desenvolver a imagem em cenas, Jaime pergunta o que ela quer pedir ao grupo. As companheiras vão se aproximando e oferecendo apoio e afeto. Para terminar, todas formam um coração que bate.

3. O grupo se posiciona outra vez para escutar uma história: leio a crônica que escrevi (por isso a síntese parece estar antes do final).

4. Para fazer um balanço, peço que usem algo que aprenderam no curso para trabalhar dramaticamente o tema da despedida. Dividem-se em três subgrupos para prepará-lo:
   - O primeiro propõe usar frases incompletas. A primeira frase é: "O que aprendi no curso de psicodrama foi..." A segunda diz: "A imagem que tenho deste grupo agora é..." Jaime sugere que cada frase seja representada com almofadas, então cada uma vai colocando uma almofada com a primeira frase e tirando-a com a segunda. Ouvem-se fra-

ses como: "Aprendi a dizer o que sinto", ou "Aprendi a me colocar no lugar do outro", ou "Aprendi a ouvir". Do grupo se ouve que mudou, que cresceu, que agora é um grupo...

- O segundo subgrupo é o mais comovente: usa a imagem de que Jaime e eu somos os pais, sendo o grupo composto pelos filhos que vão embora porque cresceram. Antes de irem, vão fazer as malas com as coisas que levam da gente e dos irmãos. O clima fica muito emotivo. Dizem coisas muito bonitas tanto para nós como entre os integrantes. Eu digo a Jaime: "Em nossa casa vou pendurar um grande quadro com todos os seus sorrisos e um frasquinho com suas lágrimas". Rindo, sugerem que eu ponha um imenso jarro de flores porque choraram muito. Ponho também um rouxinol e deixo uma parte da estante vazia, porque como são muito inteligentes com certeza voltarão para trazer seus títulos, seus troféus, suas medalhas e os livros que escreverem. Vamos ficar cada vez mais orgulhosos de todos. Jaime também lhes agradece por seu entusiasmo, sua juventude e sua inteligência. O alto-falante do aeroporto anuncia que o voo 919 está quase partindo. Jaime e eu nos despedimos de longe, desejando-lhes boa viagem. Então, inesperadamente, em meio à emoção, Marcos diz que tem de subir no avião e acena com as almofadas que pôs como equipamentos no centro do espaço dramático. Assim se jogam sobre as almofadas, uns sobre os outros, rindo. O salão volta a se encher de crianças que brincam.
- O terceiro subgrupo organiza uma orquestra que toca o *Bolero de Ravel*. Como Jaime o trouxe gravado, para surpreendê-los, colocamos a música para tocar e dançamos enquanto nos despedimos. Eu lhes presenteio com minha crônica e uma cópia de todas as que eles fizeram. Também lhes entrego uma reprodução de um quadro de Remédios Varo que mostra uns passarinhos no ninho esperando que o inverno termine.

5. História de um grupo do curso de psicodrama pedagógico

AFINAL, O QUE É psicodrama pedagógico? Que diferença há quando se trabalha com um grupo não terapêutico qualquer? Ensinar psicodrama com psicodrama é psicodrama pedagógico. Não é?

PRIMEIRA AULA

Antes mesmo de entrar na sala de aula, noto que o grupo é heterogêneo. Ouço as risadas dos alunos na cozinha, mas a primeira que vejo é a elegante María Laura, professora há mais de 27 anos, servindo-se de chá com a maior propriedade.

Já em sala de aula proponho mostrar-lhes os recursos do psicodrama para que entendam como se forma um grupo sem longas apresentações. Dirijo um trabalho de sociometria em ação no qual se nota a composição do grupo: 14 pessoas (mais tarde se integrarão outras três), entre elas apenas dois homens. Predominam as estudantes de pedagogia, sendo três psicólogas e três educadores com vasta experiência: María Laura, que dirige uma instituição de ensino e é arquiteta de formação; Rodrigo, professor de pedagogia há muitos anos; e Silvana, que dá aulas de psicologia e foi professora de quase todas as alunas de pedagogia que ali estão.

No intervalo, os gestores da universidade e da nossa escola se apresentam, formalizando o início institucional do curso. Todos tomarão parte na temática grupal. Mais tarde, com a ajuda de um jogo dramático, o grupo compõe sua *ecologia grupal* adaptando o entorno às suas necessidades: cada um coloca em determinado lugar da sala um objeto que o acompanhará durante os três meses de duração o curso. Aparecem muitas plantas e fotos de família; o tema das diferentes gerações nos grupos começa a surgir: as jovens trazem fotos de seus pais; as mais velhas, dos maridos e filhos.

Também há objetos que aludem à liberdade e à criatividade: os retratos de uma bailarina, de um golfinho, de um entardecer em Acapulco e um detalhe melancólico levado por Frida: uma foto em preto e branco em que se veem duas meninas de costas. Depois ela vai nos explicar que o pai dessas meninas é um amigo que recebeu o diagnóstico de uma doença fatal: o luto e as perdas também marcarão a história desse grupo.

Enquanto o grupo recria seu espaço, inventa também um novo jogo: quem se parece com quem. O jogo recebe o nome de "jogo dos duplos": trata-se de encontrar um membro do grupo que se pareça com alguém da vida de cada um. Jogando, os alunos lidam com o pânico de estar em um novo grupo. Nem meu convite para que trouxessem um objeto familiar ao novo espaço os acalmou: precisam tornar as pessoas *familiares*: "Ela se parece com uma amiga que tive no ensino médio"; "Ela lembra uma prima que não vejo desde pequena".

Quando lhes peço que voltem ao lugar onde deixaram imaginariamente seus objetos para fazer um pedido ao grupo, outro tema importante se delineia: alguns pedem ao grupo que acolha suas emoções; outros, em contraste, que lhes permitam ser racionais.

Lilia chora e pede que o grupo lhe permita chorar sem se assustar nem reprimi-la: ela sempre chora. Rodrigo, parado junto de sua bromélia imaginária, diz que com ele acontece o contrário: não é fácil expressar suas emoções. María Laura, desolada, explica que com ela acontecem as duas coisas: é muito racional e muito emotiva ao mesmo tempo. O tema também será uma constante no grupo.

JOGANDO A SÉRIO

A primeira sessão se parece sempre com o primeiro sonho depois que se inicia uma análise terapêutica: todos os conteúdos da análise posterior estão ali presentes, mas não são compreendidos antes do final.

SEGUNDA AULA – O ENCONTRO DESENCONTRADO

O tema da aula é o conceito de encontro segundo Moreno. E tudo se desencontra. No espaço teórico, as ideias de Moreno são confrontadas com as de outros autores. Aurora diz de supetão que Rodrigo foi seu professor há algum tempo e portou-se de forma muito injusta com ela. Quando Rodrigo chega, fica incomodado porque se inteira do que Aurora disse em sua ausência. Estou alterada: à noite terei de viajar para o meu país em virtude de um problema familiar. Incluo Rodrigo sem pensar e logo me arrependo. Trato de manter a dignidade dirigindo um trabalho de psicodrama pedagógico sobre o tema "o berço do psicodrama" e percebo que a coordenadora da universidade alterou o material bibliográfico sem me consultar. Irrito-me. Ninguém entende nada do que lhes entrego para ler; tudo está de cabeça pra baixo. Sou o foco das atenções. Chovem os "sinto muito por você..." A aula seguinte será dada por Jaime, pois estarei viajando. Ele que se vire.

TERCEIRA AULA – A PRESENÇA DE JAIME

No relato que o grupo me faz, destacam que Jaime:

a) Falou muito de si mesmo e do seu currículo.
b) Falou de Moreno e da sua vida.
c) Relacionou o conceito hassídico da chama (presença de Deus em cada ser humano) com o conceito de espontaneidade

(algumas transcrições falam da "chama da vida", coisa que me faz rir, pois aquele era o slogan da Coca-Cola à época).

Também relatam um trabalho dramático com o recurso do jornal vivo. Dividiram-se em subgrupos e cada um selecionou uma notícia de jornal para fazer uma improvisação teatral. As notícias escolhidas foram:

- A queda de um helicóptero sobre uma emissora de TV.
- A prisão de um narcotraficante.
- A Copa do Mundo de futebol.

Por fim, compartilharam que alguns se angustiaram por ter de improvisar, enquanto outros se divertiram enormemente.

QUARTA AULA – OS PRÊMIOS E OS LUTOS

Preocupada com o clima que poderia ter sido criado em minha última aula, decido trabalhar com o psicodrama desde o começo. Dirijo, como aquecimento, um trabalho de psicodrama interno (fantasia dirigida) com o tema de um álbum de fotos imaginário, no qual estão todas as fotos de cada um como estudantes e docentes. Peço-lhes que revisem o álbum com a imaginação até encontrar a foto mais significativa.

Em subgrupos elegem protagonistas e assim surgem quatro cenas. Na primeira, Elba fica sabendo que seu projeto de tese foi aprovado; suas companheiras mais queridas compartilham com ela sua emoção: é uma conquista que ela não se permitia esperar.

Na segunda cena, Eva, na escola primária, é felicitada por um professor que lhe dá uma responsabilidade especial em reconhecimento. "Se minha mamãe me visse, se sentiria orgulhosa", diz; mas sua mãe faleceu. O tema da perda aparece outra vez.

Na terceira cena Rodrigo recebe o reconhecimento de um grupo para o qual deu um curso. Todas as cenas giram em torno do reconhecimento e do prêmio: o reconhecimento de si mesmo, dos que creem ou não creem em si; e o prêmio dedicado à mãe já falecida.

Em um sociodrama final, o grupo privilegia o tema do luto. Tatiana chega vestida de preto porque foi ao enterro de uma velha amiga; Silvana relembra sua sogra; quase todos relatam lutos difíceis. De minha parte, acabo de perder meu pai; ainda que não o tenham mencionado, é possível que o problema familiar que me obrigou a viajar esteja flutuando no ambiente dessa sessão.

Por outro lado, é provável que eu também esteja representando a mãe que eles sentiram medo de perder. Recordo que os temas das improvisações teatrais da aula anterior foram um acidente aéreo, uma prisão e um troféu de futebol. Casualmente a Copa do Mundo ocorrera no meu país, para onde eu viajara.

O grupo se sente culpado por seus "ataques" a mim e me dedica suas conquistas. Todos prometem portar-se bem para não me perder (que não caia o avião). Identificam-se também com minha dor e me consolam por minhas perdas. Uma vez mais, penso que os grupos são assustadoramente maravilhosos.

QUINTA, SEXTA E SÉTIMA AULAS – O TESTE SOCIOMÉTRICO

O teste volta a centrar a atenção do grupo. Demoram muito tempo escolhendo um critério. De novo o tema do emocional/racional converte-se em obstáculo: alguns propõem critérios sociométricos operativos e outros critérios afetivos. Todos fazem interpretações muito forçadas e não conseguem chegar a um acordo; por fim, optam por um critério cauteloso: "Quem eu escolheria para conhecer melhor".

A estrela sociométrica é Lilia: tem sido a líder da expressão afetiva no grupo. Quem a segue na situação sociométrica é Eva, que também tem uma participação mais efetiva (graças ao tema do luto) que intelectual.

Os líderes dos critérios mais racionais e operativos, como Sara, Frida, María Laura e Delia, recebem uma pontuação positiva alta, mas por distintas razões não conseguem boas posições sociométricas. María Laura, por exemplo, propõe um critério integrativo entre o afetivo e o racional, mas acaba lidando com o critério afetivo como se fosse racional.

Rodrigo não assiste à aplicação do teste e Aurora não presencia a elaboração dramática, e assim o tema do seu desencontro permanece intocado. No momento, a formação sociométrica do grupo que aparece é adequada, dado o pouco tempo do funcionamento do grupo – sobretudo se considerarmos sua heterogeneidade.

Algumas companheiras são rejeitadas pelas mais jovens por serem casadas. Não há membros isolados, mas fantasmas pessoais impedem que todos se sintam confortáveis no grupo.

OITAVA AULA – AS BARREIRAS

Proponho elaborar dramaticamente os resultados do teste sociométrico. Muito foi elaborado na leitura; surgiram pequenos desentendimentos e mal-entendidos, mas também muitos temas para reflexão. Para nos preparar para a ação, dirijo um trabalho de psicodrama interno: "Se este grupo fosse um conto de fadas, qual seria o conto e que personagem cada um seria? E, se o grupo fosse um filme, seria de ação ou de aventura? E se fosse um episódio da História?"

Deixo o jogo para o final e proponho a situação das pendências do teste nos círculos sociométricos. Logo peço, como sempre faço, às estrelas sociométricas que nos digam o que é mais importante elaborar; elas devem saber melhor que eu.

Lilia e Eva conduzem ao centro os companheiros que haviam se colocado no espaço dos protagonistas, no lugar das reflexões pessoais: é o lugar dos fantasmas. Lilia sintetiza:

JOGANDO A SÉRIO

— Para se relacionar, é preciso enxergar a dificuldade.

— No nível pessoal? — pergunto para decidir se vou trabalhar com um protagonista.

— Não, não. No nível do grupo como um todo — respondem rapidamente Eva e Lilia.

As estrelas sociométricas me mostram o tipo de sociodrama para trabalhar a relação entre o átomo social perceptual de cada um e aquele grupo, aquele átomo social. Com absoluta confiança na sua visão sociométrica, começo.

Tenho quatro protagonistas que vou dirigir de uma vez: Juan Manuel, Dora, Susana (Susy) e Frida. Procuro um ponto de partida para analisar a dificuldade de relacionamento. Eles me ajudam: "Há algum obstáculo entre nós que dificulta o relacionamento, algo que nos leva a perder a espontaneidade. Deixamos de ser nós mesmos".

Divido o restante do grupo em dois subgrupos: o que representa o obstáculo e o dos *outros*, aqueles de quem ninguém pode se aproximar. Os protagonistas vão verbalizando o caráter do obstáculo. Dora diz que é uma parede; Susy, uma barreira; Juan Manuel, uma grande bolha que o recobre; Frida descreve o obstáculo como bolhas de todas as cores que acendem e apagam, como luzinhas de Natal, sem deixar ver quem está lá dentro. Os obstáculos servem para muitas coisas: para se esconder, para se disfarçar, para se distanciar...

O grupo representa com o próprio corpo, como se fossem estátuas, os obstáculos: paredes inquebráveis, bolhas luminosas ou opacas e barreiras. Com inversão de papéis, os protagonistas experimentam também o lugar do seu obstáculo por ele colocado. Este adquire voz: "Estou aqui para protegê-lo, para que não sofra, para que ninguém o veja, machuque ou incomode".

No segundo grupo, que representa *os outros*, detectam-se os fantasmas: são aqueles que incomodam, superprotegem, ignoram, agridem ou maltratam. Os protagonistas os censuram, interpelam e reclamam: há um momento catártico grupal. Com várias inversões de papéis, todos experimentam os dois lugares.

Quando no papel dos *outros*, explicam-se: "Não sabia, não conseguia, não me dei conta, não podia fazer outra coisa..." Faço nesse momento algumas observações esclarecedores sem identificar os personagens, já que o grupo não é terapêutico; além disso, cheguei a esse nível pelas indicações das estrelas sociométricas. Cada um sabe a quem se dirige; cada um sabe de onde vem a resposta; cada um sabe a quem dirige seu perdão ou pedido de perdão. Juan Manuel escreve em sua transcrição: "Naquele momento, senti que essas cenas eram parte de mim".

Proponho que o grupo agradeça aos obstáculos por tanto lhes ter ajudado: são nossas defesas, que em determinada época foram imprescindíveis e agora nos incomodam em alguns momentos. Devemos fazer um novo acordo com elas. Não podemos eliminá-las, mas podemos pedir que modifiquem sua distância, sua forma ou os momentos em que aparecem.

— Neste momento, neste grupo, como gostariam que estivessem os obstáculos? — pergunto. Há muita aproximação física. Neste momento, neste grupo, por um instante se experimenta uma nova maneira de conviver com a barreira ou com a bolha sem que elas se interponham. É uma resposta nova a uma situação antiga. Vamos colocá-la à prova.

Passo a explorar rapidamente o segundo círculo, o dos desencontros entre os companheiros. O mote é: percebam que conflitos podem ser esclarecidos agora e quais deles podem ser resolvidos mais adiante. Juan Manuel relata um encontro com a colega com quem teve uma incongruência no teste:

— Delia mencionou o que sentia. Isso me causou surpresa e satisfação, mas eu não soube como lidar com esses sentimentos.

Ambos sorriem. Volto ao círculo do grupo. Pergunto quem conseguiu imaginar o grupo como um conto, um filme ou um momento histórico. Menciona-se *Alice no País das Maravilhas* e outros; escolho o filme que Lilia, a estrela sociométrica, mencionou: tem de ser representativo.

— Eu me vi como o capitão da Apolo 13 — diz Lilia.

Reproduzimos uma cena. Lilia escolhe o momento em que acabaram de passar pelo lado oculto da Lua; é um momento de grande perigo no filme: os tripulantes não sabem se a nave vai perder o rumo, o que levaria à morte todos eles, ou se, por milagre, se salvariam.

Ela é o comandante da nave e agradece à tripulação pelo bom trabalho. Como eu assistira ao filme dias antes, não aguentei e a corrigi:

— Tom Hanks diz isso antes de passar pelo lado oculto da Lua, Lilia.

— Não, não. É depois.

Agora, ao escrever estas linhas, percebo que Lilia tinha razão. Eu me referia ao filme, em que o comandante se despede antes de entrar na zona de perigo, mas Lilia se referia ao grupo. Efetivamente, o grupo já passou pelo lado oculto da Lua sem que a nave explodisse ou a tripulação morresse: saíram vitoriosos do perigo. De todo modo, apesar do meu erro, tenho o tato de deixar Lilia reproduzir a cena à sua maneira. Como diz o comandante da nave: "Senhores, foi uma honra voar com vocês".

NONA AULA – AUTORITARISMO E ABUSO: QUEM MALTRATA QUEM?

Começo perguntando se alguém tinha feito anotações sobre a aula anterior para que eu fizesse o processamento. Ninguém. Alguém estudou? Não. Bem, então, trabalharemos dramaticamente.

Os temas são a relação professor-aluno e o método educacional psicodramático de María Alicia Romana. Uso o roteiro de María Alicia para trabalhar o tema.

Começo com um jogo dramático: o desfile dos professores. Coloco um biombo imaginário no espaço dramático para que, ao passar por ele, possamos vestir as características de algum professor do nosso tempo de estudantes. Desfilam docentes das escolas primárias e secundária e da universidade. Surgem alguns temas:

MARÍA CARMEN BELLO

- Autoritarismo dos professores, maus-tratos, favoritismo, abuso.
- Autoritarismo dos alunos, maus-tratos, manipulação e outros.
- Humor, diversão, interesse no ensino.

Formam-se subgrupos para trabalhar os temas. Dou-lhes a possibilidade de trabalhar com protagonista ou com a improvisação teatral. O primeiro grupo escolhe o tema do autoritarismo do professor e aponta Aurora como protagonista. Ela desenvolve uma cena que, curiosamente, começa como havia começado nossa aula. O professor pergunta:

— Alguém estudou binômios?

Ninguém responde.

— Alguém trouxe o livro?

Ninguém levou.

— Bem — continua o professor —, acho que vocês não têm interesse em matemática porque são mulheres e estão apenas esperando a hora de se casar. Falemos então de matrimônio e de sexualidade, da sexualidade de vocês.

O professor ameaça quem se atrever a denunciá-lo. Aurora o enfrenta. Suas companheiras se calam. Há uma colega supostamente autista que é colocada como a personagem mais indefesa da cena.

Que abuso que o grupo está denunciando? Sem dúvida Aurora denuncia Rodrigo, ainda que de maneira dissimulada, como um dos professores injustos da sua história; pede a Rodrigo que faça o papel de professor e ele se nega. O grupo denuncia outros abusos? O *abuso* de Jaime, que exibe seu currículo? Meu *abuso* por mostrar a intimidade dos meus sentimentos ao anunciar meu problema familiar? A aula do professor de Aurora começa muito obviamente como minha aula, mesmo que isso fique oculto pelo resto da cena.

Conduzo a cena a um sociodrama. Ofereço a cena ao grupo:

— Alguém se sentiu como Aurora, como o professor, como as companheiras que calam ou como a menina autista?

Faço todo o grupo se colocar fisicamente junto do personagem com quem mais se identificou. Desses lugares, como uma entretela, o grupo costura as cenas individuais com as grupais.

São inúmeras as cenas dos que sofreram autoritarismo dos professores. Alguns os enfrentaram, como Aurora, outros se calaram e buscaram a solidariedade de seus colegas.

Ninguém se coloca no lugar do professor. Eu o faço.

— Quando vocês não estudam — digo —, sinto-me muito impotente, porque não posso substituir todos os textos de psicodrama que vocês não leem.

Alguns se aproximam e falam também como professores. Entretanto, a cena está encerrada: percebo que há um lugar vazio. É como uma cena de abuso infantil na qual o pai (ou a mãe) abusa sexualmente ou maltrata o filho ou a filha. São casos em que sempre há uma mãe (ou um pai) ausente ou que não quer ver.

— Se alguém disser à diretora ou aos seus pais o que aconteceu — afirma o professor na cena de Aurora —, é a sua palavra contra a minha. Trabalho neste estabelecimento há 20 anos.

Esse discurso pode traduzir-se nas palavras do pai abusador: "Se contar à sua mãe o que fiz com você, ela não vai acreditar".

A coordenadora acadêmica entra em nossa sala e observa nosso trabalho sozinha, fora do espaço dramático. Peço a ela que ocupe o espaço vazio. Na relação professor-aluno, o terceiro pode ser a instituição, a sociedade, talvez os pais.

A coordenadora fala imediatamente como instituição. Não precisa de roteiro.

— É muito difícil estar neste lugar: ouvimos duas versões dos fatos. Como saber qual é a verdadeira?

María Laura toma o lugar. Ela é diretora de uma instituição em que há corrupção e abusos.

Tatiana conecta-se imediatamente com uma cena de sua vida: sua filha esteve em uma situação de abuso escolar, e no princípio ela não acreditou. No espaço dramático, pede perdão a Aurora. Sara responde no lugar de sua filha:

— Não se atormente tanto, nem tome para si meus sentimentos.
A coordenadora capta a situação de abuso infantil e fala como a mãe do menino abusado.

— Perdão. Minha dependência desse homem e meu amor por ele não deixaram que eu visse seu sofrimento.

Já estamos em condições de inverter os papéis e torná-los mais sadios. Passo a Aurora o papel da instituição: de lá ela pede perdão; outros companheiros a imitam.

Os outros três subgrupos decidem trabalhar com improvisações teatrais. Primeiro, outra cena de abuso é representada: o professor que favorece determinados alunos e maltrata outros. A cena seguinte chama-se "interesse do professor pelo aluno", e María Laura representa um engenhoso mestre que deseja dar sua aula de estatística "apesar" de seus alunos. A última cena é sobre o tema do autoritarismo dos estudantes. Eles exigem a destituição de um professor e o fim das provas e das tarefas de casa, tudo com base no poder que lhes é conferido porque pagam as mensalidades.

O tema do abuso está em todas as cenas, até na do professor que María Laura representa. Qual é o abuso e quem abusa de quem? Seguindo o método de trabalho de María Alicia Romaña, peço que façam uma escultura de cada subgrupo e depois uma escultura grupal para representar a relação professor-aluno ideal.

O grupo representa um parto, uma criança que cresce e se olha no espelho e um menino que engatinha acompanhado de uma consciência (Grilo Falante ou anjinho). Põe-se de pé ajudado por um professor e se forma em uma instituição de ensino, enquanto os pais, orgulhosos, o esperam ao final do caminho.

Nessa escultura não há abusos. É a história de um crescimento. Posso interpretar uma mensagem para mim por meio desse material? "Dê aula ainda que não estudemos. Não deixe aparecer sua vida pessoal ou seus sentimentos: isso é obsceno e é um abuso. Não demonstre favoritismo, seja igual com todos. Ensine-nos como pode, ainda que sejamos passivos e nada nos interesse. Se

DÉCIMA AULA – O RACIONAL E O EMOTIVO

Estamo-nos aproximando da data da prova. Fazemos uma revisão de conceitos usando um jogo dramático.

— Esta casa está uma bagunça e todos os conceitos estão espalhados por todos os lados. O que é isto? E isto? Vamos ordenar cada conceito em sua caixa.

Então fazemos caixas com os elementos do psicodrama: os passos, as técnicas, os recursos, os núcleos teóricos mais importantes e tudo que sabemos sobre o teste sociométrico. A casa fica bastante arrumada e a professora está contente. Todos sabem bastante.

Lilia leva uma ótima transcrição da aula anterior (está nos mostrando que não somente é uma líder afetiva, mas que também pode ser uma boa líder operativa).

Sara (será minha favorita?) tem um tema preparado para trabalhar dramaticamente: como poderiam ser aplicados os recursos de corporização, teatralização e dramatização para entender a teoria do equilíbrio cognitivo.

A demonstração de Sara vai ficando cada vez mais divertida: é um triângulo imaginário; em um vértice está María Laura, em outro, três jovens e em outro, Elba, que representa a arquitetura. Passamos da corporização à teatralização. Os lados do triângulo carregam sinais. Às jovens não as interessa falar de arquitetura, preferem comentar o assassinato do metrô. Esse sinal é negativo (-). María Laura é apaixonada pela arquitetura: esse sinal é positivo (+). Ela tenta convencê-las de que a arquitetura é maravilhosa, sem sucesso. Não consegue trocar o sinal.

Vários colegas passam ao lugar de María para auxiliá-la na tarefa de deixar o triângulo em equilíbrio. As propostas são muito engraçadas, rimos muito. De repente, María Laura depara com uma situação já conhecida: não consegue conciliar o racional com o afetivo. A intensidade de ambas as tendências a faz sofrer; além disso, não consegue usá-las adequadamente. Lembra uma cena na qual está diante de uma autoridade acadêmica e, em vez de responder racionalmente, com seus conhecimentos, começa a chorar.

Passamos à dramatização. Temos a protagonista de um tema que envolve todo o grupo: como integrar o racional e o afetivo no ensino, na aprendizagem e na vida? María Laura escolhe Frida para representar a parte racional e Eva, a parte afetiva: elas interagem e se desentendem, como sempre se desentendem as vozes internas em conflito.

Ofereço a cena ao grupo e este se divide em dois: o dos racionais e o dos emotivos. Não podemos nos desfazer de uma parte do grupo, como também não podemos nos desfazer de uma parte nossa. Precisamos dos dois. O grupo vai trançando com as mãos, tecendo uma rede, uma teia de aranha com conteúdos racionais e emotivos. María Laura fica no centro.

DÉCIMA PRIMEIRA AULA – O ANGUSTIÔMETRO

É a aula anterior à prova. Predomina a angústia. O grupo propõe fazer uma revisão. Repassamos a teoria do desenvolvimento da criança de Moreno, usando como recurso a *corporização*. Depois trabalhamos dramaticamente o tema da angústia da prova. Para alguns, a revisão é angustiante; outros a veem com bons olhos e outros se sentem indiferentes. De acordo com esse "angustiômetro", organizamos três subgrupos para fazer uma elaboração dramática com cada um.

A primeira é uma cena da vida de Frida, uma das estudantes do curso. Ela corre de um lado para o outro dizendo: "Tenho prova e não me lembro de nada". Alguns colegas pegam a lista de *conceitos* e a leem desordenadamente. Logo aparece Moreno e diz a Frida que dará tudo certo, que ela já sabe o principal e sugere que ela comece a estudar.

A segunda cena é a de uma família reunida na sala de jantar. As irmãs mais novas pedem permissão para ir a uma boate, mas a mais velha alerta os pais de que o ambiente é muito perigoso: álcool e sexo. O pai não intervém, mas a mãe diz: "Foi para isso que lhes demos educação. Elas já incorporaram os valores necessários para enfrentar qualquer situação. Não haverá problema. Podem ir à boate".

A terceira é uma escultura falante: uma aluna segura uma folha de papel com o número 10 desenhado. Ela está sobre almofadas. A outra aluna está com os pés no chão e forma com as mãos umas orelhas de burro na cabeça: tirou nota cinco.

Trabalhamos essas imagens em grupo. Despedimo-nos e lhes desejo sorte. A prova será aplicada pela coordenadora na universidade – temos de manter as coisas separadas: eu lhes ensino psicodrama e a universidade entrega o diploma.

A PROVA

No dia do exame, dedico-me a escrever este relatório e a corrigir as últimas transcrições que me entregaram; o nível é muito irregular: algumas são excelentes e lamento não as ter recebido a tempo para usar no processamento de classe; outras são péssimas e outras me fazem rir. Uma delas confunde o nome de um autor com o nome de um país da Europa Central e outra começa o relatório dizendo: "Transferência da segunda aula".

ÚLTIMA AULA

É o dia da avaliação dramática do curso. Todos devem pensar em um recurso ou uma técnica para aplicar na última aula; assim nos despediremos tanto do curso quanto do grupo.

Rodrigo dirige um aquecimento com respiração, relaxamento do corpo parte por parte e um psicodrama interno que os leva a imaginar um livro com ilustrações do que aconteceu no curso. Dirige muito bem. Em seguida, pede-lhes que se levantem e transfere a direção a um colega. Tatiana nos propõe passar por uma portinha que nos converterá na criança que fomos. Delia passa: compra uma boneca com suas economias e abre, sem permissão, um presente de Natal antes da hora. Juan Manuel *hipnotiza* um amiguinho, Sara escuta uma história da avó e Elba dá aulas às suas bonecas.

Elba sugere uma troca de papéis: cada um assumirá o papel de um colega e, com os papéis trocados, organiza-se uma festa de despedida. Surgem muitos Rodrigos acariciando a barba e muitas Silvanas falando de Lacan.

Depois, alguém (creio que Lilia) dirige teatralizações em quatro subgrupos sobre o que pensam fazer no futuro com o que aprenderam no curso. Um dos grupos apresenta um psicodramatista trabalhando com um grupo de crianças; o grupo em que estão Juan Manuel e Aurora mostra um coordenador de grupos de adolescentes; o terceiro mostra Delia aplicando o psicodrama em sua vida pessoal, desde o momento em que sai da cama; e o quarto grupo é de capacitadores. Quando alguém se bloqueia eu apareço como *Yuyo Grilo*, relembrando-lhes as técnicas que devem empregar.

Essas cenas transformam-se em esculturas com movimento. Forma-se uma cadeia em que um grupo passa uma almofada a outro cada vez que representa o psicodrama a outros. A almofada passa cada vez mais rápido, até que alguém grita "que circule o psicodrama" e começam a lançar almofadas por todos os lados. Todos nos divertimos muito: o clima de jogo é absoluto.

Depois do intervalo, Susy organiza uma escultura audiovisual do grupo. Como todos estão envolvidos na escultura, ninguém presta atenção, então Susy resolve fazer um espelho para que todos vejam a escultura e o resultado é divertido. Ela fica no lugar de um

JOGANDO A SÉRIO

colega por vez, possibilitando que cada um saia da escultura para observá-la, mas todos acabam passando por lugares diferentes.

Dora pede à escultura que cada um faça um solilóquio (agora dos seus lugares). Como não estou dirigindo, intervenho com todo o grupo e junto-me à escultura. Ajoelho-me no meio da contração grupal com um braço erguido; junto de mim, Juan Manuel está muito erguido, levantando ambos os braços. Quando é minha vez de fazer o solilóquio, digo: "Estou aqui embaixo porque quero deixar espaço para que cresçam, e estou com o braço erguido porque estou fazendo um brinde a vocês, em honra a todos vocês".

Sara propõe, para se despedir, um desfile de personagens de desenhos ou filmes. Os personagens vão passando por uma espécie de túnel do tempo. Gaguinho diz: "É isso aí, pessoal"; Piu-Piu diz: "Acho que vi um grupinho"; o Chapeleiro Maluco deseja muitos dias de "não graduado"; Cantinflas faz um discurso dizendo que o psicodrama é muito psicodramático; Alice encontra dois frasquinhos – um de ignorância e outro de psicodrama pedagógico –, toma o conteúdo do frasco de psicodrama e cresce; e por fim uma bruxa charmosa ameaça perseguir a todos que não se comportarem bem.

Outra colega propõe que tirem fotos imaginárias da história do grupo. Assim, vão se reproduzindo no espaço dramático momentos engraçados, comoventes ou difíceis: a escultura do crescimento de um menino, a despedida de Lilia como comandante da Apolo 13, uma piada que fiz quando me equivoquei em uma mudança de papéis ao dizer que cobriram a foto de Moreno. Em seguida "fotografam" as barreiras; o grupo todo reunido depois da dramatização de Eva; Sara dizendo "Como assim, não?" à sua professora; María Laura na cena do professor que ensina apesar dos seus alunos e assegurando: "Minhas mãos florescem"; as almofadas; o príncipe acordando a Bela Adormecida enquanto todo o grupo faz o som ruidoso de um beijo que Juan Manuel deposita graciosamente com a mão no rosto de Delia.

103

Juan Manuel mudou muito durante o curso; agora está muito mais seguro, espontâneo, participativo e sorridente. Para ele e mais algumas pessoas fica claro que o curso teve efeito terapêutico mesmo não sendo o objetivo do grupo. Não obstante, não podemos esquecer o que Pichon-Rivière dizia: nenhuma aprendizagem é boa se não tem algum efeito terapêutico, e nenhuma terapia tem êxito se nada se aprende (Zito Lema, 1985).

Outra foto é recordada de maneira especial: a de Jaime, na qual nada acontece, apenas sua presença. Alguém relembra que Jaime contou que perdeu a oportunidade de conhecer Moreno pessoalmente e decidem representar a cena. Moreno está em um congresso repleto de acadêmicos. Um amigo de Jaime comenta: "Ali está Moreno". Jaime está prestes a se retirar argumentando "ter coisas muito importantes para fazer", mas logo um *dublê* lhe diz que pode estar perdendo algo crucial para sua vida. Então Jaime decide se aproximar da mesa e diz: "Doutor Moreno, sou Jaime Winkler". O dublê se aproxima e acrescenta: "Eu começo onde você termina", parodiando o suposto encontro entre Moreno e Freud. Todos riem.

Fica óbvio que Jaime marcou presença no grupo; não só foi um professor substituto na minha ausência: ele e seu vasto currículo têm ligação com Moreno. Entre piadas, parece despertar sentimentos de simpatia e respeito; não há dúvida de que ele foi para mim um apoio tácito ao longo do curso, não só quanto aos conhecimentos, mas também provavelmente na garantia de que o grupo não ficaria preso à rede afetiva de uma mãe-professora superpresente.

Delia deixou para o final uma ideia que teve: relembrando um trabalho que fizemos no início, propõe que recorramos ao objeto que colocamos na sala para que nos acompanhasse durante o curso. "Como se mudássemos de casa", diz Delia. Alguns decidem deixar seu objeto e levar um novo, enquanto outros percebem que seus objetos estão modificados depois dos meses de aula.

Aurora resolve fazer um solilóquio e diz algo a cada colega; outros se animam a fazer o mesmo. Proponho que esse seja o

JOGANDO A SÉRIO

trabalho de encerramento, mas antes, já que estão todos sentados em volta de mim, digo-lhes que vou contar uma história. Então leio este relatório. Todos me escutam com muita atenção.

Sempre que um grupo termina leio a história que foi escrita. Há coisas que não se entendem até que o relatório termine; e sempre que o faço lembro-me de Moreno nos primórdios do psicodrama. Trago na cabeça a foto de uma cena que nunca vi: Moreno sentado em um teatro vazio com Bárbara e George contando-lhes "A história de sua cura".

Para terminar, presenteio os alunos com balões e cada um escreve o que deixa neste curso e o que leva para outro. É só um pretexto para terminar com uma festa. Eles jogam os balões e logo os estouram. Vou sentir saudades. Falo sério.

6. Psicodrama pedagógico: o que ensino quando ensino?

CADA GRUPO CONSTRÓI sua história; cada grupo estabelece uma relação diferente comigo; além disso, cada grupo estabelece objetivos que vão além daqueles explícitos. Os grupos com os quais mais aprendi foram aqueles em que encontrei mais dificuldades.

CRÔNICA DE UMA COORDENADORA IMPACIENTE

Nos grupos de capacitação para vendedores, costuma-se dizer que não há clientes difíceis, mas vendedores impacientes. Devem estar certos. Pensando nisso, decidi humildemente mudar o título que ia colocar neste capítulo, pois ele implica um grau muito maior de *insight*.

A Escola Mexicana de Psicodrama e Sociometria (EMPS) dá um curso de psicodrama pedagógico em colaboração com a universidade. Sua duração é de 60 horas divididas em 12 jornadas de cinco horas. Como requisito curricular, a EMPS pede que cada participante entregue quatro relatórios, em forma de crônica vivencial, sobre o trabalho feito em classe, além de um comentário teórico-técnico apoiado na leitura dos textos sugeridos. Os relatórios são lidos em classe e usados como guia para os processos do trabalho vivencial. Por sua vez, a universidade aplica, ao final do curso, uma prova de conhecimentos antes de outorgar o certificado.

MARÍA CARMEN BELLO

Nessa oportunidade, acompanha-me um grupo de alunos avançados da EMPS que ajudam voluntariamente como observadores e egos-auxiliares; isso faz parte de sua formação como psicodramatistas.

PRIMEIRA AULA – O ENCONTRO

Logo de início chama a atenção o silêncio com que o grupo me recebe, lápis e cadernos na mão. Não é o clima habitual de um grupo que se dispõe a aprender psicodrama; além disso, tenho a impressão de que não gostam do psicodrama ou não gostam de mim. Não acham graça nas piadas que conto para quebrar o gelo – isso porque são ótimas. O grupo todo é de mulheres. Na minha equipe, além das minhas colaboradoras Lupita e Blanca, há um só homem, Rafael, que sai logo em seguida porque lhe roubam o carro e se vê envolvido em mil problemas por causa disso.

Ao conhecer um pouco mais o grupo, graças à sociometria em ação, fico espantada em saber que metade das alunas já participou de psicodrama e que a maioria delas é psicóloga – há também uma pedagoga e uma veterinária com experiência docente. Algumas delas já se conhecem.

Peço-lhes que coloquem um objeto imaginário na sala para senti-lo melhor; assim aparecem fotos da família, dos filhos, plantas, uma caneta âmbar que foi presente de alguém querido e o desenho de uma coluna vertebral feito por uma menina. Chama-me a atenção algo incomum: vidros escuros.

Do lugar onde está seu objeto, cada uma faz um pedido ao grupo a fim de trabalhar à vontade com ele. Pede-se "harmonia, tranquilidade, confiança, sentir-se como em família". Um pedido volta a me surpreender: "hermetismo". Refere-se ao sigilo grupal e é válido, mas a palavra é forte e contundente. De minha parte, faço um pedido que logo parecerá patético: que se

JOGANDO A SÉRIO

realcem os bons momentos... É justamente o que não acontecerá por um bom tempo: a partir disso chovem críticas, correções, desacordos e negativas. Vou embora preocupada, comento com minha equipe que o grupo tem um bom nível, mas pouca espontaneidade. Lupita tem a mesma impressão quando se junta a nós na segunda aula.

SEGUNDA AULA – BRINCAR DE DEUS SEM CAIR

Da segunda aula participam também María Graciela e Paula; da minha equipe, somente Lupita comparece. Demoramos para começar. Lupita anota que o grupo precisa de um aquecimento muito extenso.

Decido fazer um trabalho de integração grupal de Zerka Moreno, mas parece que todos o conhecem melhor que eu. Proponho uma variação: cada uma apresenta a companheira com uma metáfora. Esse trabalho elas ainda não conhecem, mas também não gostam dele. Apesar disso, as metáforas são eloquentes: há portas e comportas, chaves que abrem livros guardados, um telescópio que só vê uma estrela, flores muito sensíveis com as quais hão de ter muito cuidado... E uma leoa. Cuidado!

Algumas metáforas são questionadas e corrigidas. Ao pensar nelas agora, sem levar para o lado pessoal, creio que foi uma boa descrição do grupo: para mim foi um grupo fechado, com comportas e portas que se abriam e se fechavam, com dificuldade de aceitar outras opiniões e perspectivas; de aparência agressiva, mas com um centro sensível, terno como uma flor, que o grupo protegeu como uma leoa por medo de que alguém a ferisse.

Eu, que coordeno grupos há 25 anos, comportei-me com o tato de um elefante numa loja de cristais: custou conectar-me com minha espontaneidade e muitas vezes me equivoquei em coisas básicas que fizera mil vezes antes. Os livros, por sua vez, se mantiveram suficientemente fechados até o final. Às vésperas de nossa última aula, dos 40 relatórios que deveria ter, recebi apenas 12, em geral com pouquíssima leitura.

Quando trabalhamos as origens do psicodrama, em geral enfatizo a ausência do pai de Moreno. Talvez a mim também faça falta um pai ou um apoio masculino nesse grupo de mulheres. Não me privo dele. Supervisiono com Jaime – inclusive mando-lhe um longuíssimo e-mail contando o que está acontecendo. Curiosamente, ele está em São Paulo com meu professor de psicodrama, Dalmiro Bustos, e comenta com ele sobre o grupo. Bustos dá sua opinião e Jaime me transmite: dessa maneira obtenho respaldo masculino e paterno. Também falo com a coordenadora da universidade, que é meu respaldo institucional, e faço com ela uma grande catarse telefônica que, do seu papel, ela consegue conter.

O grupo insiste em outro episódio: brincar de Deus. Inventam uma variação muito bonita na qual os anjos quebram ovinhos para nascer. Lupita aponta isso em suas observações. Brincar de Deus é, para Moreno, criar; segundo ele, Deus é o Criador e o homem foi feito à sua imagem e semelhança nessa capacidade de criar. O grupo, ao inventar esses ovinhos, brinca de ser Deus por uns instantes ao usar a criatividade; mas, em outras ocasiões, brinca de Deus no campo do impossível, ao:

- não se equivocar;
- ajudar sem ser ajudado;
- dizer o que Deus diria.

Nesse sentido, esse grupo de psicodrama pedagógico funciona só para quem o aceita como uma "terapia para deuses caídos"; inclusive para mim, porque vai ferir a onipotência dos meus famosos "25 anos de experiência com grupos".

JOGANDO A SÉRIO

TERCEIRA AULA – COMO SER UM GRUPO EM QUE COEXISTEM O PEQUENO PRÍNCIPE E A PEQUENA VENDEDORA DE FÓSFOROS

Dessa aula também participa Elena, que ficará conosco por dois encontros. No aquecimento, penso em trabalhar com as figuras sociométricas em ação: as alunas representam espontaneamente o doloroso e maravilhoso processo de se transformar em grupo de verdade.

- Uma pessoa está só, representando o membro isolado.
- Há uma fila na bilheteria de um cinema onde ninguém fala com ninguém.
- Duas pessoas que estão na fila começam a falar do filme. Aqui se forma um par ou o começo de uma cadeia.
- Uma jovem espera o namorado em uma esquina, incomodada com os comentários dos que passam. Trata-se de um casal que exclui os demais.
- Uma vendedora mostra a seu cliente manequins com diferentes trajes e explica: "Este é mais formal, serve para dirigir um grupo de psicodrama" (referindo-se a mim, que estou de saco cheio) ou "Este é para a praia" (referindo-se a Elena, que veio de short). Começa a haver um grupo onde se conhece cada um.
- Uma professora explica aos alunos do ensino médio como devem se apresentar no baile de formatura. Aqui já há um grupo com uma tarefa em comum e um coordenador.
- Finalmente, Elena, que estava só, como membro isolado, explica o que sente alguém que chega a um grupo em que todos já se conhecem, representando seu próprio *drama*.

É um dos poucos momentos de criatividade sem travas que o grupo desfruta comigo. Quando mostro que nos faltou o triângulo, que é uma figura de controle, MG diz que ela, Petra e Malena são três amigas que se dão muito bem e não têm nenhum problema.

Na verdade, esse é um subgrupo natural que vai se fazer sentir o tempo todo, pois sentam-se juntas, falam de assuntos de trabalho e muitas vezes cochicham entre si. Quanto ao "não ter nenhum problema", depois do teste sociométrico se verão obrigadas a revisar sua relação para mantê-la ou renová-la.

Na segunda parte da aula trabalhamos com o teatro da espontaneidade. Já não é tão fácil. Cansam-se, aborrecem-se e outros conteúdos começam a brotar:

- O Pequeno Príncipe, uma das poucas crianças felizes que surgirão nesse grupo.
- *A Grécia de Péricles*, onde as mulheres lutam para encontrar um lugar.
- *Telma e Louise*, que representam duas categorias de mulheres: extrovertidas ou tímidas, fáceis ou difíceis, maduras ou imaturas, impulsivas ou controladas.

Menciona-se um tema, que fica esquecido por um momento: a pequena vendedora de fósforos. É a menina que sofre, a menina solitária, em perigo de morte, que vai espreitar o grupo durante todo o trabalho, limitando-o e criando grandes dificuldades cada vez que lhe dificulte o passo.

QUARTA AULA – COMEÇAM AS DIFICULDADES

Dramatizar o melhor momento (seja da prática profissional, seja do casal ou da vida pessoal) é quase sempre algo emotivo e gratificante; entretanto, naquele grupo pareceu-me que se vivia a experiência como uma agressão. Aparecem várias cenas:

- *Meu primeiro trabalho* é uma cena muito simples, protagonizada por Sary, na qual ela tira uma foto com seus alunos de jardim de infância no último dia de aula.

JOGANDO A SÉRIO

- Em outra cena também temos uma classe de crianças pequenas; um aluno travesso se integra ao grupo com a ajuda da
paciência e do carinho de sua professora.
- Na terceira, um aluno adulto agradece a Ximena, que o ajudou a superar seu alcoolismo.
- Na quarta cena, Paula ajuda uma freira que representa seu
corpo como uma bola, enquanto recorda sua terapeuta,
Yolanda, que a ajudou e consolou.

Na primeira cena, várias companheiras reviveram momentos
de sua infância e relembraram suas primeiras professoras.
Abertamente não aparece nenhum conflito, mas há muito pranto. No compartilhamento, Sandra e Elena comentam que não
gostam de ver choro. MG explica que lhe custou muito assumir o
lugar da criança; outras dizem que é fácil ajudar, mas não gostam
de ter de ser ajudadas.

A pequena vendedora de fósforos ameaça aparecer; quanto
mais a postergarmos, mais travessuras fará para chamar nossa
atenção. Durante a dramatização de Ximena, ocorre um incidente desagradável: V. me interrompe na metade da cena para me
mostrar algo que, segundo ela, esqueci em uma das inversões de
papel. A interrupção me irrita e pergunto se ela quer dirigir. Isso
a faz sentir-se mal. Depois peço desculpas pelo modo como me
expressei e ela responde que não tem problema, mas decide não
vir mais. Em outras palavras: não só tem dificuldade de ser ajudada ou consolada, como também ensinada. Tudo que está fora
de seus esquemas (do olho de telescópio) o grupo categoriza
como erro.

Essa é uma nova ferida para mim, que me orgulho de nunca
fazer as coisas do mesmo jeito, graças à "minha espontaneidade".
Além disso, há outro problema muito grave: não suporto que não
digam a verdade e tampouco entendo: quando V. me disse que
não havia problema, acreditei.

QUINTA AULA – AS RESISTÊNCIAS E OS LUTOS

Efetivamente, nessa aula a parte dolorida do grupo esforça-se para sair, apesar da resistência das integrantes e de todas as minhas reações diante dessas resistências. Elena deixa de participar sem mais nem menos e leva com ela o tema de gênero. V. felizmente comparece, apesar da intenção de não vir.

Durante o processamento elas me deixam falar sem discutir, mas na hora de dramatizar algo nada pode – nem sentar de frente para uma almofada –, até que o tema do luto emerge por si só. Há muitas perdas no grupo: de pais, irmãos, sobrinhos, amigos...

As crianças que sofrem aparecem representadas na forma de crianças que morrem de câncer ou das que perguntam sobre a morte; como a criança de Ximena, que não chega a nascer.

No compartilhamento, quando começo a respirar depois de um grande esforço e penso que o grupo está unido em torno de um tema doloroso, um comentário pega-me desprevenida: "Há legitimidade quando um coordenador diz que se incomodou?"

Como eu havia dito que estava desmotivada e não incomodada, fiquei furiosa com a distorção compartilhada por outras alunas. Digo que o comentário é uma crítica e me respondem: "Sinto que não foi uma agressão", como se crítica e agressão fossem a mesma coisa.

É um diálogo de surdos. Termino a aula com um grande sentimento de desassossego que permanece por toda a semana.

SEXTA E SÉTIMA AULAS – O MARAVILHOSO TESTE SOCIOMÉTRICO

O teste ajuda a concentrar a atenção no grupo e não em mim. Interessam-se, parecem gostar. Com alegria, escuto Sandra declarar-se entusiasta do teste e que ficou fascinada por sua localização sociométrica, porque é "como se lessem seu mapa astral".

O sociograma mostra vários círculos produtivos, ainda que o triângulo sempre predomine como figura de controle. Há quatro estrelas sociométricas, das quais Inês é a mais clara porque é a única cujas mutualidades são todas positivas. O critério escolhido foi: com quem eu tomaria um café para discutir as aplicações do psicodrama.

OITAVA AULA – SEJA GRANDE

Trata-se da aula de elaboração do teste sociométrico. Fazemos um aquecimento e surgem várias propostas: a maioria deseja trabalhar algo pessoal que o teste suscitou; outras querem trabalhar as incongruências.

MG propõe que as quatro estrelas "fiquem de fora" e não façam propostas de temas. Como sempre faço depois de aplicar o teste sociométrico, deixo que as estrelas decidam e elas optam por trabalhar com a proposta de Ximena. Parece racional: ela foi a estrela das incongruências; mas, além disso, traz um tema relacionado ao processo grupal.

A dramatização nos leva a uma cena dos 10 anos de Ximena, quando seu pai morre e sua tia lhe diz que a partir desse momento ela se encarregará de tudo. A mãe é fraca e não está preparada para essa situação; Ximena muito menos, mas constrói como pode uma couraça de fortaleza para afrontá-la.

De uma maneira ou de outra, essa será a história de cada componente do grupo. A couraça encobre uma menina machucada e atemorizada que não deve ser descoberta. Nessa protagonização, a couraça começa a rasgar. A pequena vendedora de fósforos recebe permissão para aparecer.

NONA AULA – UMA TENTATIVA DE ENCONTRO

Na aula seguinte, continuamos elaborando o teste sociométrico. Surpreende-me a declaração de MG ao pedir que agora trabalhemos com ela. Seu pedido desperta minha ternura.

Dirijo um trabalho de encontro entre ela e Petra, mas ele não se concretiza a contento. Depois MG declara que "se desviou".

O espaço dramático é povoado pelos fantasmas de MG:

- as irmãs queridas e superprotegidas por ela;
- a irmã Juanita, que já morreu;
- as amigas que a traíram;
- as amigas que a amam.

Petra fica perdida nessa multidão. Não lhe sobra muito espaço, nem consegue entender qual é o pedido de Ximena. A traição das amigas também é uma cena comum a algumas companheiras de grupo. Não se consegue esclarecer, mas se deixa entrever. Temo que Thelma e Louise tenham um desgosto antes de acabar o filme.

DÉCIMA AULA – BRINQUEMOS COM AS PROFESSORAS

MG, Petra e Malena faltam porque foram convidadas a participar de outro curso; depois de um longo processamento e algumas pendências decidimos trabalhar em forma de supervisão dramática, para ver como o psicodrama pode ser aplicado a um grupo que tem conflitos. Claro que não é como em casa...

Vemos um grupo de alunos de Lore. A dramatização é divertida; uma aluna se faz de coitadinha para que Lore a aprove, outras duas a trapaceiam e um grupo questiona Lore sobre o conteúdo da aula que acaba de dar.

Sandra, no papel de inquisidora, pergunta a Lore se esta a viu em algum programa de TV. Sua pergunta me faz rir. Muito mais que quando me perguntaram "Há legitimidade quando um coordenador..." Lore está em um canto – segundo ela, está ali para ver melhor o que se passa com o grupo. Na verdade... Compreendo-a muito bem.

JOGANDO A SÉRIO

Nessa breve cena, conseguimos rir de coisas muito parecidas com aquelas que nos irritaram ou nos fizeram sofrer ao vivê-las na própria carne.

DÉCIMA PRIMEIRA AULA

Começamos o trabalho prático com um jogo: o desfile de professores e alunos. Lupita comenta depois que em geral todas estão mais espontâneas. Valeria me presenteava de tempos em tempos com um precioso sorriso, Ximena parece ter feito uma cirurgia plástica – diz que é porque mudou o penteado. Lore, antes tão séria, atreve-se agora a fazer piadas. Petra está mais presente.

Trabalhamos com o tema da relação professor-aluno. Surge a cena em que uma mãe muito carinhosa e presente leva a filha à escola e lhe pergunta se fez a lição; depois, vai buscá-la na hora da saída. Outra menina chora, não quer ficar; a mãe se apressa, mas mesmo assim chega atrasada: trabalha, tem outros filhos e não pode se ocupar de tarefas nem de outros problemas da escola. A criança protegida ajuda a menina abandonada. Enfim o Pequeno Príncipe e a pequena vendedora de fósforo se encontram e entabulam boa relação.

Ao final, Paula representa algo que me surpreende: novamente aparece Yolanda, que foi quase outra integrante (ou coordenadora, não sei) do grupo, junto com o professor Lorenzo, que a estimulava a estudar e a pensar. Paula decide que não quer mais consolar meninas magoadas porque a fazem lembrar sua menina magoada interna; quer aprender e estudar: depois de seu papel como Yolanda, dá permissão a si mesma para seguir seu caminho.

QUASE ACABANDO

Estou às vésperas da última aula; falta apenas a prova. É tarde, estou revisando a história do grupo e muito cansada, mas gosto disso. Gosto de lembrar como a vendedora de fósforos subiu ao cume e como cuidamos dela e finalmente a fizemos rir.

EPÍLOGO – ERA UMA VEZ UM GRUPO

Na última aula, leio esta crônica. Sinto um pouco de temor, porém estou mais tranquila depois de tê-la escrito, pois tenho um panorama mais claro do que aconteceu... Mas, igualmente, sinto inquietude. Peço-lhes que se aproximem do espaço dramático e fiquem à vontade. Sento-me com elas, como uma avó que vai contar uma história – ou, talvez, para usar as metáforas do grupo, como uma professora de jardim de infância com suas meninas travessas. Leio devagar e, ao terminar a leitura de cada aula, peço a todas que façam um solilóquio no presente, recuperando os sentimentos mais importantes de cada momento do curso.

SEGUNDO EPÍLOGO

Era uma vez um grupo em que o Pequeno Príncipe e a pequena vendedora de fósforos estavam de mal. Quer que eu te conte outra vez?

A leitura é como reviver um parto: voltamos a nos irritar e a entristecer, a nos alegrar e comover; voltam os lamentos. Lore, em especial, chora desconsolada quando lembra a dramatização dos lutos e diz: "Por que sempre tive de me aguentar para ser a forte da família e apoiar a todos? Só aqui pude chorar".

Paula também chora, lembrando um abuso que sofreu quando pequena: por isso teve de trabalhar tanto com Yolanda a relação com seu corpo; por isso consola os que se sentem *em forma de bola* e agora quer um caminho diferente para ajudar os demais, um caminho que não a faça reviver essa menina dolorida que foi cada vez que consola alguém.

JOGANDO A SÉRIO

Paula é grandalhona e seus afetos se expressam de forma explosiva. Para fazê-la rir, pergunto-lhe se entre Lorenzo e Yolanda não poderia estar Yuyito, ajudando-a a integrar a cabeça e o corpo por intermédio do psicodrama. Depois penso a sério sobre o assunto e percebo que ela não disse que queria de maneira espontânea; depois de tudo segue flutuando no grupo, algo como "melhor me curar só". Vem-me a imagem da pequena vendedora acendendo os fósforos um a um até que acabam e ela morre de frio. Paula ri com a mesma explosividade e força com que chora; a imagem desvanece.

MG também chora, mas mal conseguimos ajudá-la. Dá-se conta de que é rejeitada; percebe que provoca rejeição e resiste a analisar e a mudar essa situação. Nessa última aula, todavia, diz que "nos sente" e que "sente que suas colegas..." Não conseguiu se localizar no eu-tu do psicodrama; ainda não aprendeu o "sinto que eu". Quer ser aceita, mas culpa as demais pela rejeição; não obstante, é talvez a primeira vez que alguém diz isso a ela tão claramente. Petra foi a primeira a desmistificar a história *das três amigas que não têm problema.*

O epílogo é muito simples: ninguém quer ser ajudado por alguém que não aceita ajuda. MG não pode inverter papéis com os desfavorecidos; não pode sentar-se diante de uma almofada e explorar seus sentimentos: quando fazemos o trabalho de luto, em vez de se colocar no lugar de quem sofre uma perda ou no daquele que parte, abandonando os outros, pede para representar o lugar de Deus. Nessa posição declara: "Amo todas vocês..." e faz um discurso longuíssimo que incomoda a maioria.

Tento desculpá-la com o grupo dizendo: "Bom, Moreno nos ensinou a brincar de Deus..." Mas todas sabemos que MG não está brincando de Deus nem com sua criatividade nem com sua espontaneidade; tampouco está aceitando o psicodrama como uma "psicoterapia para deuses caídos".

Acompanhamos seu choro com pena. Aproximo-me e lhe dou um beijo. Malena a abraça com preocupação e no intervalo cantamos os parabéns porque é seu aniversário e compramos um bolo. Oferecemos a MG nosso afeto, mas não lhe damos razão. Ela parece não conseguir aceitar uma coisa sem a outra. Fica olhando sua única estrela através do seu telescópio imóvel, acreditando que vê todo o céu: é uma triste princesinha de um planeta muito pequeno.

UM, DOIS, TRÊS, O GRUPO SE DESFEZ

Imaginando que os conceitos são as almofadas espalhadas pelo chão e que temos de ordená-los em suas caixas, repassamos os conceitos para a prova que as alunas vão fazer na universidade. Para nos despedir dramaticamente, peço-lhes que cada uma utilize um recurso ou técnica que tenha aprendido no curso.

Sary propõe fazer uma foto; Inés acrescenta a ela solilóquios; Petra sugere que paremos diante do objeto que imaginamos na primeira aula e que o levemos junto com outro objeto. Sandra traz o baú das fantasias para um trabalho do qual não lembro e MG propõe pôr no baú aquilo por que agradecemos.

Elas me elogiam bastante, agradecem meu profissionalismo, meus conhecimentos, minha entrega total ao ensino e minha humildade para aceitar meus erros... Mas confessam que minha personalidade forte as assustou.

Tiro a tarde para desfrutar da façanha de ter chegado honrosamente ao final do grupo, com uma só baixa e poucos feridos: eu entre eles, com um machucado em meu narcisismo, mas já em recuperação. No dia seguinte, retomo a crônica para voltar a pensar.

REFLEXÃO: O QUE ENSINO E QUANDO ENSINO?

Se fizer uma avaliação objetiva do que aconteceu nesse grupo, qual será o resultado? Quando fizemos a revisão de conceitos, notei que o nível conceitual deixava muito a desejar: todas as

JOGANDO A SÉRIO

participantes conseguiram montar as caixinhas com os conceitos básicos, teóricos e técnicos do psicodrama, mas apenas isso.

Conheciam os passos, os elementos e as técnicas do psicodrama, os núcleos teóricos básicos e técnicos do psicodrama, bem como seus campos de aplicação. Quanto à avaliação dramática, conseguiram sair do caminho usando algumas técnicas e recursos. Poucas, certamente.

O que, então, lhes "ensinei" com tanto esforço pessoal nessa aprendizagem "corpo a corpo" do psicodrama? O professor realmente ensina o que quer ensinar? Ou o grupo aprende o que precisa aprender com o professor, mas além ou apesar dele?

Naquele grupo parecia que:

a) *Meu objetivo* era ensinar o psicodrama pedagógico.

b) *A demanda explícita do grupo* era ajudar melhor os necessitados e sofredores, as *vítimas*. As crianças pequenas, as crianças travessas e aquelas abandonadas pela mãe, os alunos alcoólicos, as pessoas que têm dificuldade com seu corpo, os alunos imaturos, os grupos difíceis, o mundo inteiro...

c) *O desejo* das participantes era ajudar os demais sem questionar a própria necessidade de ajuda; ajudar sem ser ajudado, trabalhar com gente sem chorar, ser como Deus, onipotente, que tudo pode e tudo sabe: todo o necessário para ajudar sem se equivocar nem fraquejar.

d) *A demanda implícita*, para quem pode se colocar em contato com ela, foi citar sua parte necessitada, dolorida, abusada, pequenina e triste que havia sido recoberta de uma couraça adulta e forte para ajudar os demais.

Durante o processo, o grupo colocou-me à prova para verificar se eu era suficientemente onipotente para aguentar a dor grupal e lhes ensinar a onipotência. Porém, como não tive humildade de aceitar meus erros, debilidades e minha necessidade de ajuda, não me tornei modesta o bastante para ajudar. Poderíamos dizer que o que trabalhamos foi o papel do professor pedagogo no seu sentido mais amplo.

Analisemos a *trama*, como chamam os psicodramatistas brasileiros o drama grupal, o tecido dos dramas pessoais no tear que conforma o grupo; em termos psicanalíticos, a cena grupal subjacente:

a) O grupo começa muito arrogante: as alunas querem aprender psicodrama, mas, segundo elas, já conhecem meus recursos e técnicas e os aplicam melhor que eu.

b) Eu também começo muito arrogante, sentindo que "posso tirar de letra", já dei o curso tantas vezes e tenho tantos anos de experiência...

c) As contradições começam em seguida: querem aprender algo novo, do contrário, para que vieram? Mas não suportam que eu saia de seus esquemas: é assim que se faz a inversão de papéis.

d) Eu me enfureço: essas crianças recém-saídas das fraldas vão me ensinar a fazer uma inversão de papéis? A mim?

e) Ninguém quer dar o braço a torcer: no planeta do Pequeno Príncipe não há adultos, e a pequena vendedora de fósforos só se aquece com os próprios fósforos até morrer; Thelma e Louise se lançam ao precipício para escapar da perseguição.

f) Até certo ponto, sou a primeira a pedir ajuda: escrevo a Jaime e converso com a coordenadora.

g) O grupo, timidamente, começa a aceitar minha ajuda.

h) O teste sociométrico funciona como uma radiografia do que ocorre no grupo.

i) Localiza-se o tema principal da trama grupal: o papel do cuidador sob uma couraça de fortaleza defensiva.

j) A evolução do papel se desvela: sobre a base de um papel psicossomático do corpo abusado e machucado se constrói o papel psicodramático da criança-adulta forte que tem necessidades próprias; e sobre este se edifica o papel social de professor, psicólogo educacional ou coordenador de grupo que ajuda os necessitados.

JOGANDO A SÉRIO

k) Cada uma começa a encontrar seu drama pessoal entremeado na trama grupal.
l) Algumas o aprofundam (Ximena, Lore e Paula); outras resistem a aceitá-lo (MG). O aproveitamento é pessoal.
m) Para todas, seu papel social como educadoras foi questionado; daqui em diante, depende de cada uma seguir ou não o processo já iniciado.

De minha parte, como psicodramatista, devo também questionar meus objetivos: o que ensino quando ensino psicodrama pedagógico? Ensino técnicas e recursos psicodramáticos para abordar o ensino? Faço psicoterapia grupal disfarçada de diploma universitário?

Creio que não, acho que simplesmente tento ser sensível à necessidades grupais em torno do exercício de um papel; por isso cada grupo de psicodrama pedagógico, ainda que parta do mesmo programa e de um plano básico de trabalho, trilha o próprio caminho e vai descobrindo na marcha objetivos específicos.

7. Gestão de conflitos na empresa

Com o uso do psicodrama e da sociometria, os cursos de gestão de conflitos e formação de equipes dentro da empresa se convertem em verdadeiros trabalhos de encontro, no mais puro (digo eu) estilo moreniano, entre pessoas que necessitam trabalhar juntas e têm dificuldades entre si.

O CONTRATO

Uma empresa de porte médio do ramo de decoração contratou-nos para dar um curso de gestão de conflitos. Propusemos um curso de 16 horas, divididas em quatro aulas de quatro horas. Fomos auxiliados pelo departamento de recursos humanos, da gerente até a secretária: ficou óbvio, desde o princípio, que se tratava de uma equipe em conflito. A demanda latente era de intervenção, mais que a de um curso. Decidimos observar o que acontecia durante as aulas.

PRIMEIRO DIA

AQUECIMENTO E APRESENTAÇÃO DO GRUPO

Jaime explica, como sempre, o foco do trabalho, dando ênfase aos seguintes itens:

- O que significa trabalhar com técnicas de ação.
- Que não seguiremos um programa rígido; ao contrário, levaremos em consideração as necessidades do grupo.
- Que nosso objetivo principal é desenvolver nossa melhor ferramenta nas situações de conflito: nós mesmos.
- Que nem sempre conseguiremos resolver as situações, mas aumentaremos o conhecimento sobre elas.

Preparamo-nos para o trabalho com um breve psicodrama interno. Convidamos o grupo a percorrer o espaço, uma das salas de nossa escola, para que se familiarizem com ele. Graças a um trabalho de sociometria em ação, obtemos um primeiro reconhecimento do grupo:

- São 14 pessoas, das quais três são homens – Julio, Edgardo e um jovem. Os três trabalham no mesmo departamento, mas com diferentes funções.
  - Edgardo e o jovem são da área de segurança.
  - Meche, Julio e outra moça são da área de capacitação.
  - Há um subgrupo que se dedica à seleção de pessoas.
  - Muitos trabalham especificamente com recursos humanos, como Anabela, a secretária executiva, Dalila, a gerente, e uma recepcionista.
- Ao classificar os participantes por tempo de trabalho na empresa, verificamos que o maior tempo de permanência é de oito anos. A maioria tem um ano ou menos de empresa; a gerente está lá há apenas dois meses e parecia ter caído do céu.

EXPECTATIVAS DO GRUPO

A empresa nos contratou para dar um curso sobre gestão de conflitos; mas explicitamos aos participantes que vamos adaptar o conteúdo às necessidades do grupo. Pedimos que expressem suas expectativas verbalmente e as representem fisicamente com uma almofada. Depois agrupamos as almofadas por temas e aparecem três linhas de trabalho:

- integrar-nos e nos conhecer melhor;
- conhecer, manejar e resolver os conflitos;
- aprender a trabalhar em equipe.

Pedimos também que manifestem "o que não querem que aconteça", ao que respondem que "não haja falta de respeito, hipocrisia e atitudes negativas".

PRIMEIRA ABORDAGEM DO GRUPO

Usamos novamente o recurso do psicodrama interno: pedimos que imaginem um filme dos conflitos que haviam vivenciado. Para tanto, deveriam observar o espaço, seus sentimentos ou os personagens, permitindo que um desses elementos se destaque. Depois que a escolha é feita, pedimos que deem um título a esse episódio de conflito. Baseando-se nesses títulos, o grupo propõe quatro cenas principais que serão apresentadas dramaticamente:

1. Dalila: "As pequenas coisas que vão levando à separação total".
2. Mabel: "A união faz a força".
3. Julio: "Um colega que não é tão colega".
4. Meche: "A corrupção e a injustiça".

PRIMEIRA DRAMATIZAÇÃO – AS SEPARAÇÕES

De modo surpreendente, Dalila, a gerente, é a primeira protagonista e nos traz um tema de sua vida pessoal.

1. Começamos pelo final. Estamos em um julgamento. A secretária, distraída, enquanto come um pedaço de bolo, pergunta ao casal se depois de duas reuniões de conciliação ainda continuam decididos a separar; ambos respondem afirmativamente. Ela quer assinar o divórcio quanto antes. Fazemos a

dramatização com egos-auxiliares; Dalila arma a cena de fora, mas vai entrando cada vez mais nela.

2. Dalila chega à sua nova casa depois da lua de mel; seu marido trouxe toda sua família: a sogra desfaz as malas, as crianças brincam na sala, duas dela estão no terraço, alguém está na cama pisando nos lençóis. Com a inversão de papéis, vê-se que o marido está feliz: ele parece muito à vontade, enquanto Dalila se sente invadida.

3. Meche traz uma breve cena em que o marido está vendo televisão; apenas balbucia quando a vê entrar e ela o repreende com hostilidade. O casal está praticamente perdido.

4. Mabel quer acrescentar uma cena ("Tenho mil", diz). Ela cuida amorosamente de uma planta, que pede que seja representada por uma companheira; quando chega em casa vê que sua sogra podou os galhos "para ajudá-la" – com boa intenção, mas também invadindo. A planta morre. O marido (que vemos fritando alegremente uns peitos de frango) está sob fogo cruzado.

5. Anabela acrescenta uma cena muito triste, em que ela e o marido chegam a um acordo para tentar uma reconciliação. Ela sai mais cedo do trabalho, chega do supermercado com velas e o necessário para preparar um jantar simples e romântico: ele se mostra muito indiferente e ela se distancia.

Compartilhamos verbalmente, em grupo, as experiências de todos. No ar flutua a sensação de que "todos os homens são iguais"; até Edgardo se desculpa em nome de seus congêneres. Há pouca consciência da própria participação nos conflitos: nessa primeira abordagem do conflito, o culpado é *o outro*, seja este quem for.

PRIMEIRA CONCEITUAÇÃO

A dramatização serve para situar várias coisas:

JOGANDO A SÉRIO

1. O espaço do conflito.
2. Os personagens protagônicos e secundários do conflito.
3. Os personagens que nem sempre são vistos: nossos fantasmas, como a família que nos educou e nos deu certas expectativas em relação aos casais.
4. O papel: sem querer, tendemos a repetir certos papéis na tentativa de resolver os conflitos – papéis que aprendemos: como o do conciliador, daquele que tudo aguenta, do opositor ou o do que se cala.

Jaime demonstra que, na abordagem dos conflitos, o grupo foi de fora para dentro em relação à empresa. Nessa ordem, foram quatro as cenas propostas: a de Dalila é a que mais se distancia da problemática da empresa; mas, em relação ao pessoal, fomos de dentro para fora e isso é uma mudança com bom prognóstico. Jaime pensa que essa é uma tentativa provavelmente inconsciente de Dalila de se integrar melhor ao grupo e conseguir sua aceitação: ela procura se mostrar ser uma pessoa com pesares e sofrimentos.

SEGUNDO DIA

AQUECIMENTO

Começamos com um aquecimento verbal, tomando como ponto de partida o material de leitura que foi entregue ao grupo antes do curso. Quase todos participam ativamente.

TRABALHO DE ENCONTRO – VIVENCIANDO O CONFLITO NO LUGAR DO OUTRO

Pedimos que indiquem um colega pareça entendê-los em seus conflitos e com quem quase não tenham interagido. Jaime e eu optamos por esse trabalho pensando em incrementar o aquecimento do grupo, a fim de dramatizar situações de conflito e, ao mesmo tempo, propiciar a integração grupal.

Fazemos um breve trabalho de encontro em duplas, para que compartilhem um conflito. Depois, cada um ocupa o lugar do outro e intervém no conflito, enquanto um terceiro colega observa como testemunha ou como mediador. Concluído o exercício, a experiência é compartilhada com o grupo. Muito participativos, todos demonstram diversas características sobre sua maneira de ouvir o outro e de se colocar no lugar dele.

SEGUNDA CONCEITUAÇÃO

Agora conceituamos com base na teoria psicodramática da comunicação:

- fator tele;
- transferência;
- emissão e percepção de mensagens.

SEGUNDA PARTE – AS CENAS PENDENTES

Depois de um intervalo, dirijo um novo psicodrama interno para nos reconectar com as cenas da primeira jornada. O grupo comenta que as cenas "ficaram pendentes". Partimos do psicodrama interno para o título da cena de Mabel – "a união faz a força" – e então registramos os sentimentos que as recordações e imagens suscitam em cada um. Ao abrir os olhos, cada um diz em voz alta o que associou.

DRAMATIZAÇÃO – A UNIÃO FAZ A FORÇA

Um grupo de vizinhos do condomínio se reúne para discutir um problema de segurança: uma das casas foi assaltada e todos querem debater se colocam um portão elétrico ou contratam um guarda armado. Há muita resistência e os administradores renunciam.

Como Mabel participa muito das discussões (como no grupo), pedem a ela e a um médico que se encarreguem da administração. Eles (e seus cônjuges) criam comissões para que todos participem.

JOGANDO A SÉRIO

Mais adiante, acontece um incidente ligado à grama das áreas comuns (o grupo faz piadas porque Mabel é obcecada por plantas).

SOCIOMETRIA EM AÇÃO

Para terminar a dramatização, peço a Mabel que coloque os companheiros como esculturas para representar a união dos vizinhos (a grade que protege, entre outros símbolos). Em seguida, peço que caminhem e pensem se aquilo lhes fez pensar em algo pessoal ou no grupo. Predomina este último, então armamos as esculturas que simbolizam as diferentes áreas. Cada escultura transmite uma mensagem:

- Segurança: três pessoas de mãos dadas, como uma cerca, que dizem: "Nós nos encarregamos de que ninguém lhe faça mal".
- Dalila e duas superioras dirigindo a orquestra.
- Mabel, Javier e Meche, de mãos dadas, são os telefones que dão as boas-vindas.
- A recepcionista faz os visitantes entrarem.
- A encarregada de pessoal circula entre todos pedindo ajuda e conectando-os entre eles e com os de fora.

Para mostrar que a união faz a força, todos se seguram pela cintura, formando um círculo, e mostram que ninguém pode desfazer aquela formação. Cada um diz que passo pequeno vai dar para que isso se torne realidade. No ambiente de compartilhar, há um clima de satisfação pelo trabalho realizado.

TERCEIRO DIA

AQUECIMENTO

Fica cada vez mais previsível que nessa aula abordaremos mais diretamente os conflitos do grupo. Preparamo-nos para dramatizar a cena de Julio, "um colega que não é um colega".

DRAMATIZAÇÃO – O COLEGA CONTROVERSO

É um time de basquete. O jogo já terminou, todos estão no banco e o capitão do time critica duramente Julio. Diz-lhe que se ele se acha uma grande estrela que vá jogar em outra equipe. Julio, porém, acredita que a culpa não é sua; além disso, eles perderam por apenas um ponto. Ele deixa a quadra irritado.

SOCIODRAMA – HÁ OU NÃO COMPANHEIROS NESSE GRUPO?

Fazemos uma sequência das cenas de situações habituais do grupo e encontramos histórias muito antigas; o trabalho é catártico. Eu não tento elaborar muito, só faço pequenas intervenções do tipo "O que você gostaria de ter dito a ele?"

Fica claro que a grande vilã era Ofelia, a ex-chefe que foi substituída por Dalila, a quem animam com as mensagens que lhe enviam: "Ela era muito má, por sorte agora você está aqui, você é legal, não mude".

Uma das primeiras cenas é a de Inés: Ofelia diz que vai viajar e a manda ficar no escritório até ela voltar; Inés pergunta se ela avisou a Meche, pois sabe que haverá problemas. Ofelia responde que sim, mas obviamente não fez isso; Meche deixou de falar com Inés desde então, e inclusive não quis participar da sua cena.

No compartilhamento, Meche decide reafirmar sua indiferença em relação a Inés, mas sua atitude fica malvista pelo resto do grupo, que deseja a reconciliação. Inés não se queixa, apenas chora comovida, parece bem-disposta. Ela diz que Meche a ajudou a conseguir o emprego. Esse conflito logo se abre, mas fica em *stand-by*.

As outras cenas aparentemente estão abertas para um novo começo:

1. Atropelam Fernanda, amiga e colega de Ana Paula. Anabela a ajuda.
2. Meche organiza cursos. Mandam que ela encerre as inscrições e, ao fazê-lo, deixa muita gente de fora, mas logo recebe pres-

sões de todo tipo e a própria Ofelia a desautoriza. Meche representa o papel da pessoa do centro de capacitação onde se dão cursos, aparentemente em relação direta com Ofelia. Faz todos rirem, porque usa um sotaque típico da classe aristocrática.

3. Dalila intervém deixando evidente que Ana Paula, na tentativa de fazer que Fernanda seja contratada, faz ligações para que pressionem Meche; seu argumento é: "Pobre Fernanda, foi atropelada". Ana Paula se defende como pode.

4. Edgardo traz uma terrível cena em que Ofelia, descontrolada, rasga um papel em mil pedaços. Diz-lhe que se ela fosse homem a chamaria para a briga; opta por fazer um relatório denunciando-a. Ela diz a Edgardo que ele a apunhalou pelas costas.

Ao finalizar a catarse, como durante as sessões se mencionou várias vezes que os colegas que acabaram de ingressar na empresa não foram apresentados, proponho que o façamos de maneira formal. Dalila apresenta os novos colegas explicando a função que cada um vai ocupar. Apresenta Lorena, Carola, Eulálio e Julio, que fez trabalho voluntário com Meche e logo foi contratado graças a ela e a Ana Paula; e ela, que trabalhava em outro departamento e foi transferida. Por sua vez, Meche comenta que ignora Carola porque não as apresentaram; Gema, que é a mais antiga na empresa, apresenta os colegas com mais tempo de casa. Jaime e eu recomendamos que não falem do trabalho entre eles, que guardem sigilo profissional e não continuem o conflito lá fora.

QUARTO DIA

AQUECIMENTO
É o último dia. Faço um psicodrama interno com o tema "nossos recursos para resolver conflitos."

CENA DE MECHE – A INJUSTIÇA E A CORRUPÇÃO

Meche chega à sua casa depois de vários dias de viagem, mas a encontra aberta e vazia. Além disso, ela está sendo pintada e arrumada; um vizinho que tem o hábito de invadir residências desocupadas é o culpado. A cena é longuíssima, bastante detalhada. Meche está furiosa e eu aproveito para pedir que todos atirem almofadas para expressar a irritação surgida nas cenas em que eles foram desprezados ou tratados injustamente.

SOCIODRAMA – ELABORAÇÃO DAS PENDÊNCIAS GRUPAIS

Minha intenção é que cada um elabore o que trabalhou na relação com o grupo; que digam o que queiram dizer e se ponham de acordo quanto ao futuro. Todavia, não consigo me fazer entender: só surgem pequenas cenas catárticas que não conseguiram brotar na aula anterior.

Uma delas é a de María, quando diz a Ofelia que não vai à confraternização de final ano porque nesse dia batizará seu filho: é uma cena de triunfo. Não lembro a cena de Juliana, e como acho cansativo ver tanta catarse, proponho-lhes ver as cenas boas, de quando conseguiram trabalhar em equipe.

Trata-se da cena de reconciliação entre Inés e Ana Paula. Inés precisou fazer um trabalho que Ana Paula não conseguiu por não saber bem informática e estar muito ocupada. Ana Paula a presenteia com um sorvete e uma carta.

Há a cena de Mabel, que tem de trabalhar até tarde para fazer um trabalho urgente. Ainda que a maioria das pessoas saia correndo na hora de bater o ponto, seu grupo mais próximo, entre eles Anabela, fica com ela até terminar.

A última cena é a de María. Ela está atendendo um cliente quando soa o alarme; María pega a caixa de primeiros-socorros e corre, seguindo todos os procedimentos. Todos estão a postos. Edgardo passa rapidamente e, com um rápido olhar, se entendem. Foi alarme falso, mas todos reagiram como se esperava: como uma equipe.

CONCEITUAÇÃO E FECHAMENTO

Para finalizar, fazemos uma conceituação para aprofundar o trabalho anterior. Formamos um círculo e cada um diz em voz alta qual é seu melhor recurso pessoal para administrar conflitos representando-o com almofadas. Jaime dirige um círculo de "O que levo deste curso", colocando as almofadas no centro.

COMENTÁRIOS FINAIS: SABER OU NÃO SABER

Podemos dizer que a realidade social é composta por um aspecto externo e também por uma estrutura invisível: a matriz sociométrica, a qual só pode ser observada mediante uma análise sociométrica. A realidade social é formada por ambas: a sociedade externa e a matriz sociométrica, ainda que esta última só possa ser observada mediante uma análise sociométrica.

Nas empresas, a sociedade externa ou oficial é aquela que aparece nos organogramas organizacionais; trata-se de uma estrutura dada pela hierarquia e pelas relações entre funções. O organograma invisível, todavia, responde a redes de interações afetivas e funciona como uma sociedade secreta que nem sempre se harmoniza com a anterior.

O trabalho de gestão de conflitos realizado em uma empresa é uma boa ilustração dos conceitos de Moreno. O organograma oficial decola no espaço dramático quando utilizamos o recurso técnico de *sociometria em ação*. Nesse momento, o grupo expressa o desejo de poder se ajustar ao organograma e funcionar como uma equipe harmônica de trabalho.

As cenas de psicodrama vão relatando a história secreta do grupo e as redes invisíveis que tecem uma estrutura muito diferente: são histórias de separação, de condutas vividas às vezes como invasivas, às vezes como traições ou agressões. O clima que chega até nós é de desconfiança e temor.

Em certas organizações, um trabalho como esse desperta temor: o que acontecerá se liberarmos essa bagunça? Para que voltar ao passado e lavar roupa suja? – perguntam. Já vimos que o objetivo do psicodrama é explorar profundamente a verdade. O dilema não está, como pode parecer, em liberar ou não a bagunça, em voltar ao passado ou deixar as coisas em paz; as opções são saber ou não saber: conflitos de todo tipo subjazem aí. A verdade em um grupo nunca é uma só, nem pode ser a opinião de quem tem a autoridade ou o poder; a verdade está no caleidoscópio grupal, no qual, ao misturar os cristais de cores das diferentes óticas de cada um, mudam as figuras da história do grupo. Conhecer as histórias de desencontros permite-nos intervir na direção de um encontro; ao contrário, permanecer na ignorância nos deixa à mercê das redes secretas invisíveis.

Abrir os conflitos implica também entrar em contato com os recursos de cada um para resolvê-los: é um compromisso, já não se pode simplesmente deixar a responsabilidade para os demais. As redes invisíveis incluem também interações de gratidão mútua, além de experiências gratificantes de atuar em equipe e de sentir que a união faz a força. Ainda que, como se percebe no episódio de Inés e Meche, nem todos os conflitos tenham um final feliz, sempre podemos aspirar a *ser mais inteligentes no que se refere à situação*, como costuma dizer Jaime.

8. O psicodrama na formação profissional

A FORMAÇÃO PROFISSIONAL

Educar é mais do que ensinar conteúdos que devem ser aprendidos. Em espanhol, popularizou-se o termo *formação* para dar conta dessa concepção mais ampla de educação.

Quando se trata de uma carreira profissional, adquirir formação implica:

a) Aprender conteúdos e informar-se sobre os conhecimentos acumulados de determinada disciplina.
b) Adquirir experiência e amadurecer no exercício de uma prática ou, em termos psicodramáticos, amadurecer no desempenho de um *papel profissional*.
c) Desenvolver uma identidade própria partindo de modelos externos para então adquirir um estilo pessoal; ou seja, não só desempenhar um papel, mas também criar um papel profissional.

O PSICODRAMA NA FORMAÇÃO

Embora cada carreira profissional tenha exigências particulares, o psicodrama tem demonstrado ser útil considerando o aspecto que chamamos de *formativo*, pois:

a) Ajuda a, por meio da vivência, adquirir conteúdos que façam sentido para "um conhecimento íntimo e ativo de coisas" (Moreno, 1975, p. 202).

b) Contribui para o desenvolvimento do papel profissional no desempenho e na criação, oferecendo o *espaço dramático* como um espaço protegido de treinamento.

c) Permite trabalhar em grupo. Citando Moreno: "Os vários procedimentos utilizados no teatro para o psicodrama culminam, em sua abordagem, no fato de os alunos serem tratados como indivíduos no seio de um grupo em situação semelhante à que encontrarão no mundo em geral" (*ibidem*, p. 198).

d) Permite integrar pensamento, sentimento e ação.

O PSICODRAMA NA PRÁTICA

Na formação universitária ou de pós-graduação observamos que, quando se oferecem cursos com temas como *Introdução ao psicodrama*, *Psicodrama pedagógico* ou *Método clínico*, com uma metodologia participativa como a do psicodrama ou a do grupo operativo, o grupo tende espontaneamente a aproveitar esse espaço para refletir sobre:

a) o grupo em si;

b) a relação do grupo com a instituição;

c) o papel profissional em jogo.

Também observamos que essa reflexão ajuda na aprendizagem: não só melhora o rendimento do grupo, mas muda a qualidade da aprendizagem (especialmente a responsabilidade individual e grupal).

RELATO DE UMA EXPERIÊNCIA

Quando coordeno grupos pequenos, em que se ensina psicodrama com psicodrama – mesmo quando o tema é o psicodrama pedagógico –, o trabalho se parece muito com a coordenação de qualquer grupo de psicodrama. O desafio é trabalhar com grupos grandes, em que haja um tema como eixo que não seja a própria aprendizagem do psicodrama.

JOGANDO A SÉRIO

É um desafio, claro, mas também é a grande possibilidade do psicodrama, já que o coordenador é um facilitador para que o grupo elabore e conceitue temas que podem inclusive não estar na órbita de conhecimento do coordenador. Trabalhar com grupos grandes e seguir um eixo temático implica, também, adaptar os recursos técnicos do psicodrama sem perder a riqueza do método.

Em outubro de 1998, fomos convidados por uma universidade para coordenar uma oficina na Faculdade de Administração; o tema era *O papel do administrador*. Foram convidados todos os alunos do curso de Administração; o limite era o espaço que conseguimos para trabalhar: 150 estudantes de diferentes níveis de formação.

O convite foi feito pela coordenadora da área, que fizera pós-graduação em psicodrama pedagógico conosco. Combinamos de trabalhar em duas jornadas de cinco horas, no horário normal de aula, substituindo a grade curricular pela oficina durante esses dois dias.

PRIMEIRO DIA – OS SUPERADMINISTRADORES

ENFOQUE

O primeiro dia começou com uma apresentação formal por parte das autoridades da faculdade que inauguraram o curso. Em seguida, a coordenadora apresentou o enfoque da oficina (o marco dentro do qual trabalharíamos esses dois dias), indicou os horários, os lugares de trabalho e invocou a responsabilidade do grupo para trabalhar com essa metodologia. Também explicou brevemente que o psicodrama e o sociodrama permitem aprender jogando mediante a ação; sinalizou a diferença entre esse método e o ensino tradicional pedindo que os alunos participassem, muito ou pouco, com seu ritmo e seu estilo pessoal. Finalmente, pediu "um voto de confiança" em nossa forma de trabalhar e em nossa experiência na coordenação de grupos.

AQUECIMENTO

Primeiro fizemos um trabalho de sociometria em ação para conhecer a composição do grupo: havia mais mulheres que homens, em uma relação de três para dois; a maioria oscilava entre 20 e 24 anos de idade; quase todos provinham da Cidade do México; os que não preenchiam esse requisito vinham de distintas cidades do Norte do país. Apenas alguns eram casados e tinham filhos; aproximadamente um terço ou mais trabalhava para pagar os estudos, os outros se dedicavam apenas à faculdade. Seis professores haviam decidido participar da oficina: eles eram parte do grupo dos casados e dos que trabalhavam. Propusemos jogar *Esse é um grupo de...*:

- chiclete (goma de mascar);
- aço inoxidável;
- algodão;
- água;
- vento;
- plumas;
- super-heróis;
- borboletas-monarca;
- meninos.

O jogo foi divertido, ainda que não permanecessem mais que uns minutos em cada palavra. Aproveitei a ocasião para dividi-los em três subgrupos diferentes dos da sala de aula, escolhendo os temas de que mais gostaram; assim se formaram os grupos chiclete, vento e água. Cada subgrupo trabalhou em uma sala menor, com coordenador próprio. Jaime coordenou o grupo água; a coordenadora da universidade, o vento; eu, o chiclete. Dois de nossos alunos mais avançados de psicodrama nos ajudaram como assistentes: Constantino e Carolina.

TRABALHO EM SUBGRUPOS

O trabalho do subgrupo consistiu em:

JOGANDO A SÉRIO

1. Um novo aquecimento, agora mais específico: um psicodrama interno para que se lembrassem dos motivos de terem escolhido a carreira de administração.
2. Explicitar em voz alta esses motivos e, em minigrupos de oito a dez pessoas, compartilhar com maior profundidade a razão de sua escolha.
3. Elaborar em cada minigrupo um *perfil* de administrador utilizando um destes recursos: colagem, escultura ou maquete.
4. Integrar a produção dos minigrupos em um produto final que representasse o subgrupo, a fim de apresentá-lo ao grupo grande.

O SUBGRUPO CHICLETE

O problema do subgrupo chiclete era o seu tamanho (55 membros), mas a vantagem de ser goma de mascar é que eles gostavam de trabalhar juntos, de se sentir unidos. Apreciavam o calorzinho do contato no jogo. No geral, fizeram um grande trabalho de equipe.

Os motivos para escolher a carreira de administração eram variados, por isso se formaram seis minigrupos que elaboraram o perfil do seu jeito:

1. Os que escolheram a carreira porque exigia ter características de liderança e capacidade de enfrentar um grupo.
2. Os que chegaram à carreira por casualidade, mas gostaram do ambiente e por isso ficaram.
3. Os que privilegiaram os recursos humanos na administração e escolheram a carreira porque significava trabalhar com pessoas.
4. Os que escolheram a carreira porque algo nela lhes havia chamado a atenção.
5. Os que chegaram seguindo o modelo de um professor que lhes suscitou a admiração por tal carreira.
6. Os que consideravam importante a criatividade necessária para ser um bom administrador, junto com a necessidade de trabalhar em grupo.

Os minigrupos trabalharam de forma rápida e eficiente entre risadas e conversas; nós havíamos levado um material rudimentar: *flipchart*, cartolinas, balões, massinha de modelar e alguns adereços como chapéus e xales. O resultado foi incrivelmente criativo e estético.

Fizeram muitos cartazes e colagens que expressavam as qualidades de um administrador. Um dos minigrupos chamou seu trabalho de *O administrador visionário*; outro fez uma maquete em que um boneco no centro ressaltava a capacidade de trabalhar em equipe; o grupo que privilegiava as aptidões de liderança de um administrador representou o tema em um cartaz cujo centro era um grande círculo que trazia em si a palavra *caráter*.

Outro minigrupo se inspirou em um programa de TV em que um pintor ensina a pintar paisagens. O pintor fala em inglês, mas se ouve uma tradução em espanhol que não chega a ser uma dublagem, pois ao fundo se escuta a voz do pintor que fala em inglês e a do tradutor que tenta manter o tom. Assim dizia o relator do minigrupo, usando microfone e imitando as expressões do programa: "Oh, sim, que bela paisagem, oh, sim!", o que causou muitas risadas.

Em outro ângulo, o resultado era um personagem que tinha um balão como rosto, uma caixa de papelão como corpo coberto por uma manta e vários balões que representavam as pernas e as mãos, onde estavam elencadas as virtudes de um administrador. Dois balões situados no peito indicavam, com exuberância, que aquele superadministrador era do sexo feminino.

Outro minigrupo representou uma pequena peça em que o administrador experimentava o conflito de contratar um amigo ou um desconhecido que cumpria melhor com os requisitos exigidos para o cargo. Dois personagens internos – um anjo com auréola azul e um malfeitor encapuzado – representavam as vozes do *bem* e do *mal*; quando um usava um argumento contundente, os outros tiravam uns cartazes com balões de histórias em quadrinhos, que diziam: *Bang! Crash!* Ganhei!

Quando se pensou em juntar tudo isso em uma única produção, lembrei-me de uma piada que Jaime costuma contar sobre o

JOGANDO A SÉRIO

primeiro Boing 707: o avião estava tão maravilhosamente equipado com lugares para fumantes, refeitórios em diferentes lugares etc. que o capitão, ao discursar para o público na cerimônia de inauguração, exclamou: "E agora, senhores, vamos ver como faremos para levantar voo".

O subgrupo levantou voo sem problema: tomou como base o programa de TV do pintor, que fez que aparecessem os elementos de uma paisagem em que o ponto culminante era a superadministradora. *Oh, sim!* Era uma mulher, uma bela estudante, que se cobriu com a manta enfeitada de balões – qualidades – e colocou no peito o S de Supermulher e o círculo de papel com a palavra "caráter"; porém, a superadministradora visionária foi submetida a uma dura prova ao ter de escolher para determinado cargo seu namorado ou um candidato qualificado. Os personagens internos, o anjinho e o encapuzado, acusavam-na, brigando entre si, enquanto os cartazes *Bang!*, *Pum!* sinalizavam o tom da luta. Por fim, triunfaria o bem.

APRESENTAÇÃO DOS PERFIS NA REUNIÃO PLENÁRIA

A apresentação das produções foi muito bem-sucedida; o grupo água, coordenado por Jaime, começou apresentando uma pirâmide humana como as que os acrobatas fazem, com uma aluna baixinha no alto. Um narrador explicava que o administrador deve ter cérebro, mas também coração, e basear-se na *integração*. A estudante apontava para a própria cabeça, correndo o risco de perder o equilíbrio, o que provocou muitas risadas; uma espécie de trança humana circulava debaixo da pirâmide, simbolizando a integração; e um coração imenso, feito pelo restante dos companheiros, aludia com estrondo: *Bum! Bum!*

AS DUAS FACES DA MOEDA

O grupo vento apresentou uma dramatização com duas cenas paralelas: uma em que o administrador fazia tudo errado: maltratava seus subordinados e agia de forma corrupta e arbitrária; na

MARÍA CARMEN BELLO

outra cena, fazia tudo certo: tratava bem os subordinados, pedia opiniões, trabalhava em equipe e tomava decisões justas. Em uma das cenas, o administrador era um homem; na outra, uma mulher.

PINTEMOS A SUPERADMINISTRADORA VISIONÁRIA

O grupo chiclete fechou a apresentação com chave de ouro. Pedi ao público que ligasse sua TV imaginária para assistir a um programa. Todos, alegres, apertavam de maneira ostensiva seus controles remotos.

Um lindo pintor, com barba de papel, ia fazendo que no espaço dramático, convertido em tela, surgisse uma bela paisagem. Isso era possível porque seus colegas estavam agachados e, quando o pintor os retratava, eles ficavam em pé.

Os companheiros mais altos, cobertos com um papelão com janelas desenhadas, eram os prédios. Um papel azul representava o lago; um trenzinho de seis jovenzinhas representava um ônibus que corria por todos os lados; um jovem de chapéu se transformou no motorista e, como precisava de uma dupla, desenhou uma "secretária escultural" que corria junto com ele levando o computador; outros companheiros, com chapéus, lenços na cabeça e aventais, eram os camponeses.

O narrador, inspirado, dizia: "Oh, que bela paisagem, até parece que tem vida". E todo o grupo respondia: "Oh, sim!"

Com outro microfone um colega proferia baixinho palavras em inglês – umas certas e outras inventadas, para representar a voz original do programa. O pintor movimentava a boca para simular que era ele quem falava.

— Imaginemos umas notas — dizia a voz. — Bom, que sejam dólares —continuava. — Oh, que belos dólares.

E os colegas, usando camisas verdes, apareciam num passe de mágica com cifrões desenhados no papel. *A grande organização transnacional* era representada por uma roda de estudantes que abriam e levantavam cada vez mais os braços enquanto a voz do pintor insistia: "Maior, maior!"

A voz em inglês que se escutava por baixo dizia: *"Big organization, very big. Great".*

O lago separava a organização da comunidade; fazia-se necessária uma ponte e, finalmente, para dar coerência a tudo, a super-administradora visionária fazia sua entrada triunfal! A situação de conflito a colocava à prova, os personagens internos a acusavam, os cartazes de *Pum!* e *Crash!* subiam e desciam; depois que o bem triunfou, outro cartaz anunciou: fim, *happy end.*

O FIM DO PRIMEIRO DIA

Seguimos os passos habituais do método psicodramático. Depois do aquecimento e da ação, propusemos um espaço para compartilhar a experiência, as emoções e os sentimentos. O clima era de emoção e de euforia; muitos compartilharam enquanto o microfone passava de mão em mão; por várias vezes o grupo dizia *"Oh, sim!"*, dando continuidade ao jogo.

Com voz embargada, um professor disse: "Lamento pelo tempo que passei sem me comunicar dessa forma com meus alunos". Propusemos conceituar a experiência esclarecendo que era apenas o início da conceituação. Houve também muitas intervenções: algumas se referiam ao método que havíamos utilizado na oficina e outras aplicavam o que foi vivido ao tema do papel do administrador. Destacamos algumas frases dessas intervenções:

- Aprender jogando, sem formalidade, interagir, se divertir.
- Conhecer-se, romper o anonimato dos corredores da faculdade.
- Ouvir e ser ouvido.
- Ter um sentimento de pertencimento, cumprimentar a todos, unir-se à universidade.
- Formar grupos com desconhecidos em vez de fazer o que quase sempre se faz nas aulas: quando o professor pede que se formem grupos de trabalho, sempre se escolhem os amigos.
- Essa oficina propiciou muitas associações: a gaiola para o passarinho e a focinheira para o cachorro.

MARÍA CARMEN BELLO

- Mudar o paradigma de que o professor fala e o estudante escuta.
- Tudo saiu bem porque demos o melhor de nós mesmos.
- O administrador deve saber ouvir, se comunicar e difundir.
- É importante aproveitar as ideias dos membros do grupo, romper as barreiras do individualismo e utilizar as contribuições, grandes ou pequenas, de todos.
- O administrador não é um organismo isolado, trabalha em equipe e precisa desta.
- Deve ter flexibilidade, sobretudo ao assumir a liderança.
- É necessário saber como nos posicionamos diante dos desafios da nova era.

SEGUNDO DIA – A REALIDADE NUA E CRUA

Estamos todos diferentes no segundo dia. Jaime e eu chegamos tarde, meu estômago dói, a coordenadora e Carolina estão muito sérias, Constantino não apareceu, os integrantes do grupo mostram-se pensativos, cansados, taciturnos. São menos participantes, porque alguns professores não permitiram que os alunos faltassem dois dias seguidos. Perguntei como queriam começar, se em movimento ou com um trabalho de imaginação: todos preferem a segunda opção.

AQUECIMENTO

Dirijo um psicodrama interno para que se lembrem de situações em que o perfil do administrador é colocado à prova na vida real. Peço que escrevam essas histórias ou situações em uma folha em branco, sem nome. Planejamos recorrer à retramatização[17] – recurso que permite trabalhar com cenas pessoais sem expor os protagonistas e se adapta a grupos grandes.

---

17. Recurso criado por Arnaldo Liberman e desenvolvido por Marcia e Luiz Amadeu Bragante e equipe em São Paulo, Brasil.

Explico brevemente em que consiste a retramatização: ela permite que os dramas pessoais se entrecruzem em uma trama grupal que abarca os conteúdos de todos os seus membros. Ao se colocarem novamente no centro, reconhecem-se, cumprimentam--se, falam-se em um idioma desconhecido e logo se dividem em três grupos, tratando de formar grupos diferentes dos do dia anterior para ter a oportunidade de interagir.

DRAMAS, TRAMAS E RETRAMAS

Em cada subgrupo vão se dando os procedimentos da retramatização. Primeiro passamos as folhas com as histórias pessoais a outro grupo, que as recebe e as organiza na forma de roteiro; para isso recorremos outra vez aos minigrupos. Em cada minigrupo é feito um esboço do roteiro que logo se integra a um roteiro geral para o subgrupo. Esse roteiro volta a rodar e cada subgrupo recebe o roteiro de outro para teatralizar.

1. Arbitrariedade, corrupção, discriminação sexual. No primeiro subgrupo, a arbitrariedade começa na família: o pai prefere abertamente uma das filhas, a quem aprova e protege; o único filho homem escolhe o caminho da homossexualidade.

A arbitrariedade é transferida para o escritório, onde um administrador de recursos humanos, homossexual enrustido, escolhe o candidato gay (o filho da família anterior) por interesse próprio, desvalorizando outros candidatos mais qualificados. Uma secretária burocrata serve de filtro para o chefe fazendo solicitações impossíveis à longa fila de candidatos ao cargo.

A arbitrariedade se transfere para a rua, onde a polícia persegue os vendedores ambulantes a golpes de cassetete. A bonita vendedora, que seduz o policial para evitar ser detida, se salva; ainda que possa ajudar, a amiga não é solidária com ela, que termina presa.

Corrupção, assédio sexual, nepotismo, ineficiência. O segundo grupo libera toda a sua criatividade: leva-nos para a recepção de uma empresa onde vários candidatos a determinado cargo esperam para ser entrevistados. O recurso dos microfones permite-nos ouvir os pensamentos dos candidatos; novamente o entrevistador escolhe o amigo alcoólatra, o cunhado irresponsável, a jovem sedutora, mas incapaz, ignorando os bons candidatos. Os resultados lamentáveis são visíveis. Por sorte aparece a personagem de uma administradora que ainda tem algo de heroico e demite a todos.

Corte de pessoal, desemprego, fantasias de suicídio. A cena começa em um escritório onde se chega à conclusão de que é preciso despedir 30% dos funcionários. Os representantes do sindicato vêm em auxílio dos empregados. Um deles leva atrás de si um cartaz que diz "líder corrupto", caso alguém ainda tivesse dúvidas depois de ouvi-lo falar. Os integrantes do sindicato, todos com chapéus de papel, enfurecidos, querem linchá-lo. Um deles vai embora e chega triste à sua casa, onde o esperam sua mulher e seus filhos, que reclamam e pedem dinheiro para os gastos, para cadernos, para sapatos... Ele foi despedido. Enquanto se afasta de casa, vários companheiros com cartazes tristes representando várias maneiras de morrer o rodeiam. Assim termina, sem final.

E AGORA?

Questionei muito se esse grupo deveria ter sido o último a se apresentar ou não. Eu o coordenei e sabia que o final era extremamente depressivo; consultei os companheiros de equipe e os integrantes do subgrupo: todos concordaram que era melhor que terminasse assim, já que isso "induziria à reflexão". Foi uma decisão coletiva.

Ressalto essa questão porque isso quer dizer que não se quis iludir a dor terminando com representações mais humorísticas. Jaime pegou o microfone e perguntou que sentimentos havia despertado essa parte do trabalho:

JOGANDO A SÉRIO

- irritação;
- confusão;
- mal-estar;
- reflexão;
- cansaço;
- desilusão;
- frustração.

O FINAL E OUTRO COMEÇO: O NOVO SOL

Quando peguei o microfone, eu também me sentia deprimida e cansada; falei como se pensasse em voz alta:

— Bom, é assim. Ontem trabalhamos o perfil do administrador e tudo era maravilhoso. O administrador era um super-herói, um visionário, um ser íntegro e completo, com cérebro e coração. Hoje ele está enfrentando uma realidade difícil, dolorosa: corrupção, desemprego, nepotismo, abuso, arbitrariedade. O resultado é a irritação, a confusão e angústia de todos, mas qual é a proposta de vocês diante disso?

Na hora tive um momento de pânico; pânico de que não fizessem nenhuma proposta e fôssemos embora assim: tristes, prejudicados, desiludidos. Olhei para eles, lembrei minha época da universidade, minha militância política, meu medo, minha desilusão, minha esperança... e fiquei de lado com o microfone: não conseguia decidir nem falar nada por eles; era seu espaço, a voz dos jovens. No centro, todos juntos outra vez desfilam um a um diante do microfone dando ideias:

- ser justos;
- ser valentes;
- ser honestos;
- permanecer unidos;
- ter coragem para mudar;
- não deixar de jogar.

Em silêncio, mais tarde, os alunos agruparam-se para dar uma resposta em movimento. Primeiro era o caos, mas com a vantagem de estarem juntos e próximos; depois o grupo foi tomando forma e, ao fim, visualizei uma espiral. Depois de várias tentativas de produzir som, foi possível ouvir nitidamente o *Himno a la alegria*, de Miguel Ríos:

Escuta, irmão,
A canção da alegria
E o canto alegre
Do que espera um novo dia.

Se em seu caminho
Só existe a tristeza
E o pranto amargo
Da solidão completa

Se não encontra
Alegria nesta terra
Busca ao irmão
Mas além das estrelas

Vem, sonha cantando
Vive sonhando o novo sol,
Em que os homens
Voltaram a ser irmãos

Jaime me contou que o autor quis chamar a música de *Hino à liberdade*, mas, considerando o título muito subversivo, optou por *Hino à alegria*. O espírito da música deve ter prevalecido, pois assim ela foi ouvida: como um hino à liberdade, entoado por vozes fortes, claras, confrontadas com um futuro assustador, mas diante do qual não parecem ter intenção de ser passivas.

9. As crianças de rua: uma experiência com psicodrama

Já faz muito tempo que guardo o material completo para descrever este trabalho; porém, passam os dias e não me sento para escrever. Várias vezes me perguntei o porquê. Algo ficou sem conclusão, e espero que este texto me ajude a descobrir do que se trata.

Dias atrás, peguei um táxi. Em determinada esquina, perto de um semáforo, um menino fazia malabarismo e me pediu uma moeda; sem pensar, procurei em minha bolsa e a dei. O taxista não disfarçou seu incômodo. "Desculpe me intrometer, mas... não devemos dar dinheiro a essa gente porque..."

Com uma veemência que não justificava o comentário, comecei a explicar que, certa vez, havia trabalhado com crianças de rua e que, se aquela moeda servisse para que um deles vivesse um dia (*mais um dia*, eu ressaltava com fúria), valia a pena. Afinal, vendo pelo lado bom, talvez algo de bom acontecesse no futuro e aquele menino poderia realizar seus sonhos. Enquanto dizia isso, as lágrimas corriam pelo meu rosto. O taxista me olhava com desconfiança, sem saber se me dava um lenço ou prestava atenção ao trânsito.

Com a mesma impetuosidade com que eu falava, ele começou a me contar sua história de menino de rua que saiu dessa vida vendendo chicletes e fazendo o que fosse para comer; e que agora, com muito sacrifício, tinha comprado o táxi que estava dirigindo e o qual pagava com o próprio suor. Por isso ele dizia que não devemos dar esmola, porque com isso não se ajuda ninguém.

María Carmen Bello

Agora sou eu que começo a procurar os lenços de papel em minha bolsa porque a voz dele fica entrecortada; mas escolho fingir que não percebi, pois os homens não choram e já chegamos ao meu destino. Um pouco envergonhados, pedimos desculpas mutuamente.

— Vou pensar nisso — eu disse.

— Vou pensar nisso — ele disse.

Por isso decidi escrever este texto, para pensar um pouco melhor; mas o que vou escrever?

- Vou dizer que o psicodrama é tão maravilhoso que serve até para trabalhar com crianças de rua?
- Vou contar as terríveis e incríveis histórias surgidas no espaço dramático rudimentar em que trabalhamos com esses meninos, para fazê-los chorar?
- Vou confessar que me senti incomodada em compartilhar essas histórias e não ter feito absolutamente nada depois?
- Vou contar as coisas tal como foram e torcer para que alguém que possa fazer algo me ouça e use essa experiência para algo positivo?

Escolho a última opção. Não me ocorre nada melhor.

PLANEJAMENTO DO TRABALHO

Fui convidada para participar desse trabalho por uma pesquisadora que há muito tempo introduziu o psicodrama, ou, melhor dizendo, a dramatização como técnica alternativa à entrevista para obter informações.[18] Ela estava fazendo uma pesquisa sobre crianças de rua e encontrou uma casa onde um ex-menino de rua, agora com 36 anos, a quem chamaremos de José Pedro, recolhia meninos de rua e lhes dava um lar.

---

18. Inés Cornejo, pesquisadora da Universidade Iberoamericana.

Não era o que se chama no México de Casa Hogar*: tratava-se simplesmente de uma casa onde, com ajuda do padre da região e dos vizinhos, "um dia se dava comida aos meninos e no outro se pagava a conta de luz".

O diferencial dessa casa era que ali se usava a arte para ajudar os meninos a abrir caminho para uma vida diferente. O objetivo da pesquisa era simples: averiguar por que as crianças iam parar na rua.

A CASA

A casa era muito grande e estava em uma zona distante da cidade, no caminho para Puebla. Quando chegamos, havia pedreiros consertando uma varanda que seria transformada em oficina de cerâmica. Na parte da frente havia um pátio, com um espaço usado como quadra de basquete; à direita, uma cozinha grande onde as vizinhas se reuniam para ajudar com a comida.

Pratos e panelas eram lavados pelas crianças em uma grande pia externa à cozinha. Os banheiros eram como os das escolas. Os quartos nunca examinei direito, mas sei que havia beliches e quase sempre uma criança nova dormindo. Quando recém-chegadas, elas dormiam por horas e horas.

A oficina era ampla, com uma escadinha muito precária e cheia de estantes com trabalhos feitos pelas crianças. Na entrada também se viam enfeitinhos de cerâmica, arrumados sem nenhuma ordem; havia também um rádio, mesas e cadeiras onde os pequenos faziam as tarefas escolares e nas quais, às vezes, Rosario, uma professora da região, os ajudava. Quando chegamos, já não havia professores de cerâmica; um dos garotos maiores tentava ensinar o que havia aprendido. Pouco depois um professor de pintura passou a dar aulas.

---

* As Casas Hogar são orfanatos, albergues e abrigos não governamentais comuns no México. [N. E.]

OS PERSONAGENS

- **Daniel.** É o primeiro que conhecemos porque no primeiro dia, na praça, nos indicou o caminho. Tem 12 anos e está no segundo ano; é o que mais sabe de cerâmica e ensina os outros. Ajuda muito nas tarefas da casa, é muito reservado: é tudo que sabemos sobre ele.
- **Estopa.** É um dos mais velhos. O cabelo comprido originou seu apelido. Corpulento, tem um rosto diferente, "estilo Picasso", segundo Inés. Com o tempo, tal qual os outros garotos, cortou o cabelo e começou a ficar "mais bonito" (do meu ponto de vista). Aos poucos vai se transformando em um dos líderes, estuda combustão de motores no Conalep*, mas seu sonho é fazer faculdade de Medicina. "Não sei", disse olhando-nos de perto. "Se eu pudesse voltar a ser criança, aproveitaria as coisas de outra maneira". Infelizmente, certo dia brigou com o diretor do Conalep por uma besteira.
- **Charly.** Também é um dos mais velhos, joga basquete muito bem e a cada dia fica mais forte e atlético. Aprendeu a utilizar algumas ferramentas e ajuda nos consertos da casa; quando descobre que fico preocupada de as crianças menores se assustarem com o barulho, liga o torno a toda hora, como se fosse algo engraçado.
- **Daniel Tres.** É um pequeno risonho e travesso que fala com sotaque nortista; às vezes faz muita bagunça; em outras, fica triste.
- **Quique.** Menino inteligente que tem tido bom aproveitamento escolar desde que chegou à casa; porém, como esse não é um ambiente para parecer intelectual, tenta disfarçar seus conhecimentos.
- **Guillermo.** É magrinho, o cabelo é espetado e aparenta ter 6 anos, mas com certeza é mais velho. Quando chegamos, ele

---

* O Colegio Nacional de Educación Profesional Técnica (Conalep) é um instituto educacional que oferece cursos técnicos em mais de 300 campi espalhados pelo México. Os cursos oferecidos procuram prover a demanda de cada localidade. [N. E.]

era um dos recém-chegados. Parece um animalzinho arisco, anda pelos cantos catando coisas e guardando nos bolsos de sua calça esfarrapada. A cada semana vai ficando mais alegre e simpático. Joga bola e gosta de lavar os pratos; admira Daniel, fica atrás dele o tempo todo e divide com ele qualquer biscoito ou doce que ganha. Mas depois... desaparece.

- **Julio.** É mirrado, pequeno. Alguém nos contou que ele disse a José Pedro que batesse nele, porque só se aprende "na porrada". Sua mãe raramente telefona e todos os meninos se juntam ao redor do telefone. Julio só diz "Sim... Não... Bom... Está bem".
- **Uriel.** Tem uns 13 anos e é muito afeminado. Conversa com a gente como se fôssemos três amigas. Ele se declarou gay desde que chegou; provavelmente se prostituía nas ruas. Uriel é nosso dúbio fofoqueiro. José Pedro o encaminhou a um psicólogo para que descobrisse se ser gay era escolha sua ou consequência de seus conflitos, segundo ele mesmo me explicou.
- **Muppet.** Chegou no fim da nossa pesquisa, tem 16 anos e parece ter 19; tem várias cicatrizes e usa um blazer apertado e uma calça larga. De início parece sempre sonolento, distante; não é a primeira vez que frequenta a casa: José Pedro o encontrou em um terminal de ônibus, completamente embriagado, tremendo. Às vezes não participa de nada, mas quando vamos embora nos acompanha até o carro e abre a porta pomposamente; parece um personagem de filme.
- **Ernesto.** Tem mais ou menos a mesma idade que Muppet e também chegou no fim da pesquisa. Da mesma forma, é distante e apático. Tem cabelos escuros e olhos claros; se não estivesse tão abatido e malvestido, com os dentes em petição de miséria, seria um menino muito bonito.
- **Dulce Angélica.** É mais uma das habitantes da casa, filha de uma ex-menina de rua de aspecto andrógino que trabalha na casa como voluntária. Dulce, no entanto, é muito feminina; parece estar sempre usando tecidos brancos e vaporosos. Adora cintos, macacões e flores: ela é o centro das atenções

dos meninos, impõe jogos e leituras. Dulce é muito efusiva comigo, abraça, beija, conta segredos, mas um dia desaparece porque sua mãe e José Pedro discutiram.

Existem mais, muitos mais meninos: Chochis, Gerardo, Panterita, Javier... a lista é longa. Em geral, a casa abrigava 15 ou 20 meninos por vez, considerando que a população era sempre rotativa. Às vezes chegavam sozinhos porque tinham ouvido falar dela em algum lugar, ou porque já tinham estado ali, ou porque alguém os levava – ainda que também em algumas ocasiões José Pedro os tenha recolhido das ruas.

O TRABALHO COM O PSICODRAMA

A primeira reunião – assim chamada porque de alguma maneira chamá-la de sessão não seria correto – ocorreu em dezembro de 1995. Trabalhávamos no quintal da casa ou na oficina; os meninos entravam e saíam trazendo a bola ou a broca, brigando uns com os outros ou fazendo brincadeirinhas pesadas. Eu tinha algumas ideias para começar; já havia trabalhado em escolas e em hospitais com uma população de poucos recursos, por isso achava que não seria muito diferente: pensava em fazer alguns jogos em grupo para preparar o terreno e depois começar a trabalhar com psicodrama.

Minha ideia vinha da teoria. Moreno dizia que todas as crianças jogam, e que o psicodrama utiliza a linguagem das crianças, ou seja, o jogo. No caso, eram meninos um pouco mais difíceis, revoltados e desconfiados que outros, mas não deixavam de ser meninos, eu pensava. Mas não: esses meninos não *jogam*; embora joguem futebol, brinquem de luta e de pega-pega, não têm ideia do que são os jogos de fantasia: eles não sabem o que é "fingir que..." somos animais, soldados ou super-heróis. Não, esses jogos não. Ao que parece não há muito lugar para a fantasia na rua, entre os bueiros, a polícia e as gangues.

Da sociometria em ação, por outro lado, eles gostaram mais. Tinham interesse em saber de onde vinha cada um, quantos anos tinham, se tinham irmãos ou não... Os dados eram importantes para eles. A explicação que demos foi a verdadeira, nos termos mais simples possíveis: "Essa é uma pesquisa sobre os meninos que trabalham na rua. Se pudermos esclarecer como eles chegaram a essa situação, isso vai ajudar outras crianças".

Na terceira visita, consegui começar a dramatizar. Disse que para a pesquisa é melhor ver as coisas como são e não só falar sobre elas; expliquei que o psicodrama é como um "teatro da vida real". Por ser parecido com o teatro, Uriel se animou: em um dos tantos lares onde ele ficou foi apresentada uma peça chamada "Pinóquio e as drogas"; obviamente a clássica história de Carlo Collodi adaptada ao tema da rua e das drogas.

Entre os protestos de Dulce Angélica, que preferia representar a história da Cinderela, e as tímidas sugestões de Muppet para que abordássemos a canção "Dos monedas"*, começamos a trabalhar. O tema do Pinóquio serviu como ponto de partida porque é a história de um menino; foi fácil adaptar a história conhecida por Uriel a "cenas da vida real".

Trabalho em um nível sociodramático mais que psicodramático; por ser um tema comum a todo o grupo, surge um protagonista em que se concentra a ação. A história começa com um menino que é atropelado por um carro. No início não avançamos muito, pois peço para vermos o que está acontecendo em sua casa antes de ele sofrer o acidente.

PRIMEIRA CENA – UMA FAMÍLIA DA VIDA REAL

Os meninos vão compondo os personagens e fazem isso com a participação de todos; com a inversão de papéis, cada um vai representando uma parte, até que pouco a pouco a cena se

---

* Música de Ramon Ayala. A letra é extremamente triste: um homem viciado em álcool perde o filho que pedia dinheiro na rua para sustentar seu vício. A criança morre "de fome e de frio segurando duas moedas": [...] *alli estaba mi hijo tirado / habia muerto de hambre y de frio / en su mano le halle dos monedas / que me traiba pa comprar mas vino* [...]. [N. E.]

forma. Também peço monólogos para saber o que estão pensando e sentindo dentro da ação; às vezes os tiro da cena para que a vejam do lado de fora, com a técnica do espelho; em outras, maximizo um gesto ou uma frase, passo em câmera lenta um detalhe ou entrevisto, como se fosse uma repórter, determinados personagens.

Uma mãe está preparando o almoço, mas não tem alimentos em casa; o marido não lhe dá dinheiro, passa o dia todo bêbado na rua e quando chega exige que lhe deem comida. Caso não haja, ele bate nela e ordena que mande os meninos para a rua pedir dinheiro para que ele possa comprar mais bebida.

Esse detalhe deixa Inés indignada: "Percebe que esse homem nem isso faz? Exige que a mãe mande as crianças para a rua pedir dinheiro", diz com uma indignação feminista bastante deslocada nessa circunstância. Aparecem também três filhinhos, representados por Julio, Dulce Angélica e Guillermo, os mais novos.

SEGUNDA CENA – UM PAI NORMAL

No segundo momento entra o pai, e as crianças pedem a Estopa, que ainda não tinha chegado quando começamos, que represente o marido bêbado, pois ele é um dos mais velhos. Explicam brevemente que o pai chega bêbado e Estopa comenta: "Ah, um pai normal; eu faço, não tem problema". Diz isso sem nenhuma ironia. Essa mãe sofrida, cansada, e esse pai alcoolizado e violento são muito conhecidos por todos; os meninos se revezam para representá-lo e o roteiro não muda muito.

O pai entra cambaleando, bate na mesa para que sirvam o jantar e a mãe diz que não há nada para comer porque ele não deu nenhum dinheiro para as compras. O pai bate nela e a insulta. A mãe se defende.

TERCEIRA CENA – OS FILHOS

O terceiro momento surge espontaneamente, sem argumento prévio. Diante das brigas dos pais, Guillermo corre para se esconder debaixo de uma mesa e seus irmãozinhos o seguem. Guillermo quase não fala (provavelmente tem um retardo), e quando fala quase não é compreendido. Nunca tinha frequentado a escola até chegar a essa casa.

Fica debaixo da mesa e treme: seu silêncio é mais que eloquente. Uma das crianças nomeia seus sentimentos: "Quem dera pudéssemos defender minha mãe. Não temos forças porque somos crianças". Não há censuras contra a mãe. "Crianças, vão para a rua pedir dinheiro." Agora Julio é o que sai espontaneamente para completar a ação: pega uma bola e diz em voz alta: "Tia, me dá um trocado?"

QUARTA CENA – A POLÍCIA

Não é sempre que a cena começa assim: os meninos não conseguem decidir se é melhor começar pela casa ou pelo acidente. Ao desenhar a cena, pergunto o que a criança fazia antes de ser atropelada. Decidem que a criança tinha roubado uma revista e, como um policial se aproximava, atravessou a rua sem olhar.

– Quantas vezes – diz Quique – atravessei a rua para que a polícia não me pegasse?

Ele corre, e quando chega ao outro lado diz:

– Me pegaram! – exclama, rindo.

Peço que fique com o papel de polícia. Rapidamente diz:

– Esse menino roubou uma revista. Vou prender.

Eu protesto:

– Mas, policial, ele é apenas uma criança!

– Não importa, mesmo sendo criança não tem o direito de pegar o que não lhe pertence.

Comento com Inés que essas crianças utilizam um código moral: não sabemos se o aprenderam nessa casa ou se é um código da rua, mas o certo é que ele existe. Outro detalhe é que também não julgam: o policial não é malvado, os pais também não. "As coisas são assim", eles dizem sempre que me surpreendo com alguma injustiça. Agora, misturam dramatização com brincadeira. Daniel Tres sobe nos ombros de Estopa para fazer a sirene do carro da polícia e eles correm por toda a sala.

QUINTA CENA – O ACIDENTE

Há discussões sobre o tema do acidente: Uriel quer se basear na história de Pinóquio, em que um pai arrependido chora junto do filho atropelado; mas essa cena não parece real para ninguém. Daniel diz que o melhor é que a mãe chegue e o agarre aos gritos.

– Quando um carro quase me atropelou, minha mãe me deu uma surra – diz, transformando-se no protagonista da cena. Todos concordam que isso é bem mais real.

Daniel representa a mãe com impetuosidade: bate no filho e o insulta com fúria.

– Você poderia estar morto, seu sem-vergonha. E se você morrer seu pai me mata!

É uma mãe desesperada e louca; transtornada, pega o menino pelos cabelos e o leva para o hospital.

Quique, agora como médico, contém a violência da mãe para cuidar do pé da criança, e inventando que o menino terá de tomar cinco injeções na bunda desvia um pouco do caráter trágico da cena. Ainda que todos saibamos que essa encenação não é real, Daniel diz tristemente que sua mãe não o levou ao hospital: "Me bateu e só".

SEXTA CENA – SEM OUTRA SAÍDA QUE NÃO A RUA

Em seguida, foi muito fácil juntar a cena do acidente com a cena da casa: Daniel está num canto quando o pai chega. Depois de brigar com a mãe, o pai se dirige a ele:

– E você, sem-vergonha, foi atropelado! (Joga-o no chão e simula dar-lhe uma surra)

Daniel está todo encolhido recebendo os golpes. É uma imagem perturbadora. Interrompo a cena. Estou quase chorando:

– Essa cena é muito triste. Tudo acontece com esse menino: corre da polícia, é atropelado, a mãe o insulta e o pai bate nele.

Julio, Gerardo, Israel e mais um estão sentados, observando a cena com atenção, como se fossem a plateia. Olham-me surpresos e dizem que não: eles não veem nada de triste. Julio até faz uma piada sinistra. Pedem-me que prossiga com a cena.

Daniel continua no chão; pergunto se em momentos como aquele ele já pensou em sair de casa.

– Sim, claro! – diz. Então se levanta com energia, decidido, e grita:

– Fodam-se, vou-me embora, passar bem!

Faz-se silêncio. Apareceu uma primeira explicação para a ida para a rua, muito óbvia e muito clara. Algumas variantes se desenvolvem depois, mas essa é a cena principal.

Estopa, lembrando-se da própria história, afirma que o menino que vai para a rua é o mais travesso dos irmãos: ele se autocensura por ter feito tantas travessuras. Aqueles que saem de casa sentem muita saudade dos irmãos. Daniel Tres, por exemplo, quando chegou, disse a Estopa que era seu irmão e começou a lembrar-se de histórias. Estopa não é de fato seu irmão, mas sentiu pena de contar a verdade ao menino. Percebeu que Daniel "estava precisando muito de carinho e afeto" e aceitou virar seu irmão.

Gerardo insinua que os pais "não tiveram alternativa a não ser colocá-lo para correr", porque ele se drogava em casa.

Ernesto, um garoto mais velho, representa na cena algo diferente: o pai, bêbado, em vez de bater, convida-o para tomar uns tragos. Ele engana o pai no troco para comprar maconha. Disse que saiu de casa porque os pais nunca lhe deram atenção, somente aos irmãos, e porque ele precisava de mais liberdade.

Chochis, por outro lado, nunca conheceu os pais: "Não, eu não tenho esse tipo de história". Diante do vazio de não ter uma história, as cenas de violência, miséria e alcoolismo lhe parecem desejáveis.

SÉTIMA CENA – A GANGUE COMO FAMÍLIA SUBSTITUTA

Chochis representa uma cena com a gangue. Ele, Tripas, Chivo e outros estão na rua. Perambulam escutando rock pesado, fumando e cheirando. Chega a polícia e todos correm. Com neutralidade, assim como fez Estopa, Chochis representa o papel do policial: vai prendê-los "porque é ruim o que estão fazendo". Leva os mais novos para o Conselho Tutelar, mas os mais velhos são tratados com violência.

Chochis tem 12 anos, mas gosta de ficar com os mais velhos: o policial torce seu braço com uma mão e com a outra bate nele com força. Nesse momento, a gangue chega e agride o policial, que fica jogado no chão; Chochis corre. A gangue se vinga por ele: são solidários; são tudo que ele tem.

OITAVA CENA – APRENDENDO COM A VIDA

Quando terminamos de montar *a obra* pergunto o que podemos aprender com tudo aquilo: com a casa, a vida, a experiência. Então alguns riem e fazem piadas. Mas Estopa, muito sério, afirma:

– Eu, da vida, aprendi muito: aprendi que cada um é dono do seu destino. Se você quer algo (aponta vagamente para a janela) tem de conseguir.

Não sei de onde um garoto que frequenta a escola há tão pouco tempo tira essas frases; antes que eu saia do meu estado de estupefação, colocam para tocar um disco de Michael Jackson e ele o imita: faz isso bem. Julio faz malabarismo no semáforo; Uriel me convida para dançar como se eu fora uma grande dama em um palácio.

EPÍLOGO – UM HERÓI DE NOSSO TEMPO?

Em todas as nossas visitas, José Pedro foi um personagem fugaz: estava sempre ocupado, saindo ou chegando. No princípio, parece temer que nosso trabalho faça mal às crianças, mas logo percebe que elas nos esperam com prazer e que a maioria quer participar. Então relaxa.

Nas primeiras semanas, tento me aproximar de José Pedro com admiração e reverência: ele parece um herói, um herói de nosso tempo. Várias vezes o convido a participar da pesquisa, com os meninos ou sozinho – afinal, ele também trabalhou na rua. Coloca um ponto-final em minhas tentativas quando menciono o assunto: "*Disso* não vamos falar". E vai embora.

Certa vez encontrei sua esposa, outra ex-menina de rua. Vestida com roupas indianas, combinando o incombinável, ela é quase bonita, exótica. Ela e José Pedro têm uma filha pequena. A moça quer ir morar em outro lugar, pois acha que aquele não é um ambiente propício para o bebê: já a machucaram na cabeça uma vez.

Pergunto a ela sobre José Pedro, quero averiguar se ela também o vê como um herói. A moça ri com amargura e responde: "Herói? Não, de maneira nenhuma".

As fofocas de Uriel, que acaba indo embora, o sumiço misterioso de Guillermo e o silêncio das mulheres diante de certas perguntas fazem-me pensar que José Pedro ainda tem episódios de alcoolismo durante os quais fica violento. E? "A rua não perdoa", afirma um dia Rosario, mudando imediatamente de assunto. Isso já não é psicodrama, é a novela da vida real, ao vivo e constante.

QUAIS SERÃO AS CONCLUSÕES?

Podemos dizer que cumpri com o propósito de meu trabalho e consegui explicar os motivos, do ponto de vista psicológico, pelos quais uma criança vai para a rua nessa cidade. A criança vai para a rua porque:

- É a única saída diante da violência ou da fraqueza absoluta dos pais.
- Sente-se culpada pela miséria da mãe e muitas vezes "faz travessuras", como dizia Estopa, para confirmar que a culpa é sua e oferecer à mãe certo alívio quando o filho parte.

- Funciona, como dizem os terapeutas de família, como "o paciente identificado". Em certo nível social, o paciente identificado vai ao terapeuta; nesse, porém, vai para a rua.
- No começo, a rua se apresenta para a criança como um ambiente de liberdade, sem limites nem regras, pois de qualquer maneira ela é obrigada a sair de casa para esmolar ou trabalhar. Quando está "por conta própria", ela pode usar o dinheiro que ganha do jeito que desejar.
- A gangue é uma família substituta em que a delinquência e a droga são explicitamente permitidas. Mas o grupo não protege da violência e da solidão, assim como da peregrinação por diversos lugares.

QUE FAZER?

Em Montevidéu, há muitos anos, na universidade onde eu estudava, aconteceu uma grande mesa-redonda à qual assistiram os psicanalistas, terapeutas e psicólogos sociais mais importantes do meio uruguaio e argentino. O tema era "O papel do psicólogo diante a mudança". Começavam ali os problemas políticos que resultaram em uma ditadura militar que durou dez anos: a época mais obscura de toda a história do Uruguai.

O debate foi ficando cada vez mais intenso e jamais vou esquecê-lo.[19] Um de meus professores, membro da Sociedade Internacional de Psicanálise, disse que deveríamos interpretar a resistência à mudança; em outro extremo, um psicólogo social, que tinha o apoio incondicional dos estudantes, gritava que era preciso queimar os livros.

Outro psicanalista pegou o microfone e disse que, se estávamos ali conjecturando o que deveria ser feito, era porque não estávamos fazendo o que deveria ser feito. "Essa mudança não acontecerá em nossos consultórios", disse, e deixou o recinto. Uns meses depois, como tantos, foi preso por causas políticas.

---

19. Fiz menção a esse episódio no Capítulo 2.

JOGANDO A SÉRIO

José Bleger, que também estava no evento, disse quase chorando:

– Quer dizer que nossa experiência não serviu de nada? A psicologia social é o único caminho pelo qual podemos chegar a algum lugar. Cada um deve fazer seu trabalho, ainda que seja limpar latrinas, e fazer isso da melhor maneira possível. O mesmo vale para o papel de psicólogo.

Acho que essas considerações podem ser aplicadas ao caso que relatei neste capítulo. O problema dos meninos de rua não pode ser resolvido no consultório, muito menos com psicodrama, terapia sistêmica, gestáltica, psicanalítica ou transacional, nem com projetos complexos de curto alcance – assim como dar ou não uma moeda a uma criança não muda nada.

A questão das crianças de rua é um problema social profundo em que nós, psicólogos, faremos o mesmo papel patético do meu professor psicanalista se não nos posicionarmos com clareza. A mudança tem de ser feita onde tem de ser feita, como disse o segundo psicanalista, e uma vez que esteja em processo conseguiremos nos dedicar a limpar nossas latrinas com a maior eficiência possível, como sugeriu Bleger. O psicodrama pode ser um dos detergentes, penso agora modestamente, depois dessa triste experiência.

10. Caleidoscópio grupal: fronteiras e pontes entre o psicodrama clínico e o psicodrama pedagógico

AINDA QUE EU NUNCA tenha me proposto a isso, minha vida vai transcorrendo entre fronteiras. No âmbito pessoal, primeiro mudei de país e vivi todo o processo de imigrante: separar-se à força e manter contato; perder tudo que tinha e ganhar coisas novas; tecer novamente minha história incluindo dois países: minha família de origem em Montevidéu, um filho no Uruguai estudando na mesma faculdade que eu, dois filhos no México construindo raízes ao se casar com mexicanas; amigos aqui e lá.

Em minha vida profissional, da mesma forma, fui me desdobrando em dois terrenos: o do psicodrama clínico e o do pedagógico, com os grupos terapêuticos, os de estudo e os de empresas.

É normal um professor que trabalhou toda sua vida na docência se aproximar da clínica: afinal, ele trabalha com grupos, compartilha dos problemas de seus alunos e estuda pedagogia e psicologia em sua formação. A situação também não é rara: depois de anos exercendo a prática clínica, a maioria dos psicólogos clínicos se aproxima da docência porque quer dividir sua experiência.

Além disso, o campo pedagógico cresceu com a psicologia organizacional e a capacitação. É a mesma coisa? É diferente? É outro ramo? Não vou entrar no campo das definições da pedagogia e da psicologia organizacional: há especialistas que podem fazer isso muito melhor que eu. Vou falar das fronteiras, porque posso dizer que elas são minhas especialidade: eu as vivo.

POLÊMICAS

Uma das máximas do psicodrama pedagógico que por muito tempo não questionei foi: "Não se deve trabalhar com cenas regressivas no psicodrama pedagógico, muito menos nos grupos de empresas ou instituições". Era algo proibido, um tabu total. Em nossos grupos de formação em psicodrama aplicado, uma das coisas que ensinávamos era como não mostrar o lado pessoal nas dramatizações e esquivar-se das cenas regressivas ainda que aparecessem *cantadas*. Sem dúvida as cenas regressivas aparecem sempre *cantadas* pela minha formação clínica, mas de uma maneira ou de outra tudo está presente no trabalho dramático:

- o pessoal, o laboral e a aprendizagem;
- o individual e o grupal;
- o passado e o presente.

Como separar esses âmbitos? Como ensinar sobre a proibição e o não? Impossível. Nossos alunos não aprenderam com os "nãos", mas com os "sins", e (para usar esses jogos de palavras que tanto divertem Jaime) aprenderam no "como se" do psicodrama.

As fronteiras podem ser um lugar de separação, de divisão: são limites, às vezes arbitrários, mas necessários entre duas coisas – ainda que também sejam lugares de passagem e de intercâmbio, onde coexistem duas linguagens e dois códigos de comunicação.

Não pretendo ensinar algo novo aos psicodramatistas da pedagogia, nem dizer qual é a melhor forma de encarar essas situações grupais. Ao contrário, quero fazer uma humilde contribuição no que diz respeito a como se vê o terreno pedagógico do ponto de vista de um psicólogo clínico. Explorar a fronteira como tal, com toda sua riqueza, em vez de pedir passaportes e analisar identidades.

Vou tomar como exemplo um grupo de uma empresa, embora pudesse ter escolhido um grupo de estudos, um grupo de profissionais de qualquer carreira, um grupo de mulheres que se

JOGANDO A SÉRIO

reuniram em torno do tema do feminino, um grupo qualquer dos que se chamam terapêuticos ou não clínicos por conta dessa mania de definir algo a partir da negação.[20]

UMA EQUIPE

O diretor de uma pequena empresa do setor de vendas nos pediu uma intervenção com sua equipe de gerentes. "Não há equipe", disse. "Tenho de viajar em breve e quando não estou nada funciona. Não posso confiar em mais que duas ou três pessoas." (Havia quatro gerentes na reunião, por isso todos se olharam com desconfiança para ver quem estava excluído.)

Propusemos iniciar o trabalho com técnicas dramáticas e um breve aquecimento. Pedimos que visualizassem uma cena que parecesse significativa do que cada um considerava ter de mudar na equipe. Assim começam a se desdobrar os espaços dramáticos, várias cenas da vida da empresa.

PRIMEIRA CENA

A primeira cena é protagonizada pelo diretor. Ele chega ao escritório depois de uma viagem de trabalho; há várias pessoas, todas ocupadas com suas respectivas tarefas. O diretor se aproxima da secretária e pergunta se esta já passou os faxes (propaganda de um produto que tem de ser enviada a uma lista de 700 empresas). A secretária responde com desânimo que não terminou de enviá-los; o trabalho está lento porque ela está mandando os documentos um por um, já que o sistema de envio automático, apesar de instalado na empresa há apenas um ano, não funciona. A sensação do diretor é de desânimo: "Não parece importante para ninguém que as coisas saiam direito".

O mais importante dessa cena é sua estrutura. O protagonista coloca os personagens olhando cada um para um lugar diferente, de maneira que sua entrada no escritório se parece mais com a

---

20. De fato, muitos dos capítulos anteriores servem de exemplo para esse tema.

169

entrada em um elevador onde todos são desconhecidos e cada um está em seu mundo. O diretor os cumprimenta e todos respondem, mas ninguém interrompe seu monólogo interno.

SEGUNDA CENA – MELHOR NÃO FALAR

A segunda protagonista é Ana, a gerente técnica. O cenário é a sala de reuniões. O diretor pergunta quais são as novidades e ela informa que tem um problema urgente: um dos vendedores do interior está há dois meses sem receber suas comissões. É um bom vendedor, mas está muito incomodado com a situação e se ela não intervier ele pode pedir demissão. "Precisamos ser honestos", diz. Imediatamente se produz um rápido intercâmbio de frases agressivas:

— Honestos? Aqui? Por favor...

— Claro, como o que aconteceu em Puebla em fevereiro...

— Não, um minuto! Não estamos falando do caso de Puebla!

Ana fica abalada, olhando a cena como um menino que acendeu um fósforo e viu que a casa se incendiou.

Ela é a mais próxima do diretor; sua intenção era começar um informe aberto do que acontecera em sua ausência, mas sem disparar uma série de denúncias. O diretor se sente constrangido; os outros, acusados; ela, culpada.

TERCEIRA CENA – PROMESSAS, PROMESSAS...

O terceiro protagonista é Ariel, o gerente de vendas. Ele e María voltam juntos para o escritório após uma reunião com um cliente. María dá-lhe um tapinha amistoso no joelho e diz:

Em breve não será mais assim, temos de ser bons colegas: prometo que vou fazer minha parte...

Ariel consente, cético e esperançoso ao mesmo tempo. Essa cena se repetiu mil vezes e nada mudou.

QUARTA CENA – A OUTRA FACE DA MOEDA

Agora é María que traz sua cena. Está com Ana, elaborando o relatório de comissões do mês; falam de uma cliente X que visi-

JOGANDO A SÉRIO

taram juntas. Ana diz que vão dividir a comissão em partes iguais, que já passou a informação para a contabilidade.

A gerente de contabilidade, porém, diz que recebeu a informação de pagar a ela 5% e à Ana o restante da quantidade estipulada. María vai falar com o diretor e ele explica que Ana informou que o cliente não quer fechar o negócio com ela, mas com Ana. María alega que combinaram outra coisa, mas o diretor diz que Ana "ficou com dó" de dizer a verdade.

María chega à sua mesa quase chorando; sente-se traída: Ana não disse a verdade e o diretor acredita em tudo que ela diz. Para que ajudar os outros com seus clientes ou fazer esforços especiais? Melhor se ocupar somente de seu trabalho.

QUINTA CENA – A INDIFERENÇA

A gerente de contabilidade, Paulina, está sentada, triste, diante do computador. Fala ao telefone com um fornecedor que reclama que não foi pago. Um vendedor entra em sua sala para reclamar de comissões atrasadas e Ana diz para ela não ser "pessimista", que sabe dos problemas pessoais pelos quais está passando, mas que dê prioridade a seu trabalho.

Amplificamos a cena fazendo que todos os personagens peçam ao mesmo tempo, inclusive pressionando-a fisicamente. Paulina suspira constrangida. A única saída que sobra é a indiferença: cumprir suas tarefas e não se preocupar com mais nada. Não pode fazer milagres.

A EMPRESA

Se observarmos o ocorrido do ponto de vista da empresa, temos o seguinte: gasta-se mais do que se ganha, investe-se mais do que se vende e as funções não estão claramente delimitadas. Jaime fez um relatório de tudo isso, analisando a empresa em si.

Mas, se observarmos a equipe como um grupo, particularmente nessa sessão, vemos como se desarmou e desarmonizou o caleidoscópio grupal a partir da visão particular de cada integrante. Do ponto de vista do diretor, a empresa é um lugar onde cada um vê apenas os próprios interesses e ninguém se preocupa com ninguém. Ele oscila entre expandir o negócio e querer ser o patriarca de uma grande família, ocupar-se apenas de si mesmo ou investir em projetos diferentes.

Ana é seu braço direito, sua colaboradora incondicional; ela o perdoa por tudo e justifica tudo que ele faz, sofre por ele quando as coisas saem mal. É eficiente e muito responsável, mas sem dúvida às vezes abusa das prerrogativas que tem por essa preferência: não forma uma equipe com os demais.

Ariel é sumamente serviçal com o diretor; com os outros é amigo. Suas subalternas (a maior parte de sua equipe é composta de mulheres) gostam muito dele; ele acredita firmemente que se María fosse embora da empresa tudo andaria melhor.

María virou o bode expiatório da equipe: dizem que ela "rouba clientes" e "se aproveita do trabalho dos outros". O diretor a mantém na equipe porque é ela excelente em sua especialidade.

Paulina também é muito eficiente em seu trabalho e difícil de lidar. Tenta ser justa e consegue a reprovação de todos.

AS OUTRAS CENAS: DEBAIXO, ATRÁS, ALI E ENTÃO

Voltando às cenas, não é difícil imaginar as mesmas situações em um contexto familiar:

- Uma família em que cada um está na sua e ninguém se preocupa com os outros.
- A filha favorita do pai é acusada pelos irmãos e até pela mãe, que tem ciúme do afeto que ela recebe.
- O drama das promessas não cumpridas: da mãe? Do pai? De um irmão? Provavelmente de um pai que nunca consegue agradar a todos, acreditando em coisas que nunca acontecerão, pensando às vezes que se ele não existisse todos seriam felizes.
- Uma família na qual não se pode confiar, em que as mensagens são dúbias e as aparências ocultam uma realidade bem diferente.

JOGANDO A SÉRIO

- Uma filha que carrega muito mais responsabilidade que as que consegue assumir: a dor dos pais, seu fracasso como pessoas ou como casal, algo além de suas forças.

Não sei se realmente é assim, mas não importa muito a veracidade de minha dedução: o que quero ressaltar é o fato de que essas cenas existem. São quase óbvias. Todos os psicodramatistas fizeram alguma conceituação dessas cenas que aparecem por trás ou debaixo das cenas de interação grupal.

- Cenas regressivas, de acordo com Dalmiro Bustos.
- Cenas consonantes, de acordo com Pavlovsky, referindo-se às cenas temidas do coordenador de grupos.
- Cenas subjacentes.
- Cenas nucleares ou nodais.

Sei que no sentido estrito não se trata de sinônimos, mas vou me referir àquilo que têm em comum: o fato de que há uma cena por trás ou por baixo de outra.

- Uma cena pessoal por trás de uma cena do trabalho.
- Uma cena infantil debaixo de uma cena adulta.
- Um papel em conflito que tende a dividir-se, além do contexto, do cenário em que se desenvolve a cena.
- Os conteúdos de transferências.
- Um sociograma básico que funciona como esqueleto ou molde para muitas outras cenas.
- Um paradigma pessoal forjado na própria história que funciona como uma lente para interpretar a realidade.
- O grupo primário que emerge do grupo secundário.

É difícil conceituar sem dizer que essas cenas – ou papéis, ou padrões de conduta, ou modelos de interação – estão por baixo ou por trás. E isso é tão errôneo e ridículo quanto dizer que o inconsciente está no *sub*, no *profundo*, e por isso deve ser estudado pela psicologia *profunda*.

Mas eis a chave do assunto: quando discutimos se devemos ou não dramatizar cenas regressivas em grupos de trabalho, de estudo ou não terapêuticos, estamos descentralizando a questão. O problema não é dramatizá-las ou não, como se os estivéssemos procurando no sótão e faltasse luz. Essas cenas estão presentes, gostemos ou não; são parte do aqui e agora grupal. Mais que o contexto das cenas presentes, são os fantasmas que as tornam obscuras. Não precisamos ir para o passado buscar os fantasmas que explicam o presente. É o contrário: devemos exorcizar os fantasmas que obscurecem o panorama atual.[21]

CALEIDOSCÓPIO GRUPAL – TRAMA E DRAMA

Quando as histórias pessoais se harmonizam, o caleidoscópio grupal forma belas figuras, sempre diferentes; são conjuntos mutáveis segundo a disposição dos cristais e o olho que o contempla. Entre os psicodramatistas brasileiros é mais popular outra metáfora que consagrou a retramatização (Liberman, 1994): as histórias pessoais são semelhantes a fios de cores diferentes que se entrelaçam, como em um tear – um tecido, uma trama grupal com os dramas individuais. Quando a interação se desarmoniza, é como quando o caleidoscópio se quebra e os cristais ficam soltos – como quando os fios não se entrelaçam em um tecido equilibrado.

Como se faz isso já é outra questão. Depende de muitos fatores, a saber:

---

21. Elena Noseda (1998) diz que "não é adequado [...] perguntar, por exemplo: 'Isso tem alguma relação com sua vida?'", pois se trataria de "psicologismo barato". Estou absolutamente de acordo: essas explorações são gratuitas, salvo quando seus conteúdos não são puramente associativos, e podem aparecer a propósito de qualquer coisa, a não ser que estejam compondo obstáculos à interação grupal. Essa diferenciação parece central.

JOGANDO A SÉRIO

- do objetivo, da tarefa grupal;
- do foco da intervenção, fundamentalmente;
- da formação do psicodramatista;
- de uma decisão grupal e também do coordenador.

De todo modo, é uma simplificação dizer que se o grupo é terapêutico podemos abordar as cenas regressivas, mas se o grupo é de estudos ou de trabalho não devemos fazê-lo. Se estamos trabalhando com o grupo como grupo, e se isso está funcionando como obstáculo para sua produtividade – independentemente do campo –, precisamos abordá-lo.

ALTERNATIVAS TÉCNICAS: DRAMATIZAR, IMAGINAR, METAFORIZAR

Do ponto de vista técnico, existem muitas opções:

- Dramatizar as cenas pessoais e elaborá-las de forma dramática.
- Assinalar sua existência sem exibir seu conteúdo e estimular que cada integrante as identifique para então elaborá-las em outro contexto – ou em um psicodrama interno grupal, se for possível.
- Dramatizá-las metaforicamente, de forma simbólica.

O que não acho que seja opção é fugir delas. Isso é impossível. Pode-se gastar toda a sua energia e seu tempo colando os cristais do caleidoscópio ou costurando um tecido esgarçado sem obter nenhum êxito. Nenhum curso de "formação de equipes de trabalho" ou de "relação professor-aluno", nem nenhuma teoria pedagógica ou de desenvolvimento organizacional, podem ser bem-sucedidos em situação semelhante: será preciso desarmar e voltar a armar, descosturar e voltar a costurar cada fio.

No exemplo citado, escolhemos a segunda opção porque o grupo cobria diferentes níveis hierárquicos. Em um trabalho de psicodrama interno, cada um visualizou em que momento de sua vida tinha cristalizado o que agora repetia nessa equipe. As cenas

MARÍA CARMEN BELLO

tinham sido tão eloquentes que não precisei mais me referir ao centro da questão para cada um: acreditar nas promessas não cumpridas, enfrentar a outra face da moeda e assumir responsabilidades de outrem. Sem dar mais detalhes.

Cada um visualizou a si mesmo na infância ou na adolescência, com os verdadeiros personagens desse drama, e prometeu a si mesmo fazer algo para elaborar mais a fundo a situação; compreender-se ou cuidar-se mais. Depois fizemos *trabalhos de encontro* entre os integrantes que tinham mais atritos entre si, identificando as interações *transitáveis* por ora entre eles.

Em um grupo de estudo que participou de um teste sociométrico, os participantes combinaram de dramatizar abertamente as cenas pessoais relacionadas com a *rivalidade entre irmãos* que estava paralisando a produtividade grupal.

Elena Noseda fez um trabalho com um grupo de alunos nossos em que temas muito importantes para eles, como o da homossexualidade, foram abordados sem que fossem nomeados diretamente como temas pessoais, mas mediante personagens imaginários e cenários fantasiados.

PONTES

Pichón-Rivière dizia que nenhuma aprendizagem é completa se não for terapêutica e que nenhuma terapia é boa se não se aprende algo (Zito Lema, 1985). É cada vez mais óbvio que a saúde das futuras gerações depende da possibilidade de trabalhar em equipes interdisciplinares, tanto em medicina como em psicologia e educação. O sacerdote ou xamã que antes cumpria todas as funções se dividiu em várias especialidades que, sem querer, nos bifurcaram demais: agora precisamos nos encontrar outra vez e aprender a funcionar juntos. Seria bom, para começar, "pegar os óculos emprestados" – para ver as mesmas experiências de diferentes pontos de vista.

Conclusões

OS PASSOS DO PSICODRAMA

EM QUALQUER SESSÃO DE psicodrama, segue-se uma sequência metodológica da qual o êxito depende da experiência. O primeiro passo é o aquecimento, a preparação para a ação. Nenhuma ação pode se realizar a frio, como também não podemos começar um esporte sem preparar os músculos para o esforço. No psicodrama, o aquecimento pode ser feito de diferentes maneiras, mediante o movimento, os jogos, a música, a imaginação ou as palavras. Posteriormente se desenvolve a ação propriamente dita: a dramatização, quando um protagonista vai desenrolando no espaço dramático as cenas de sua vida e de sua história; ou o sociodrama, quando todo o grupo se converte em protagonista.

A terceira etapa é a do compartilhamento; o público ou os companheiros de grupo comentam, com base em seus sentimentos e em sua experiência, o que se destacou no espaço dramático.

Ainda que se trate de um livro, que em geral é lido em silêncio e de modo solitário, espero ter respeitado essa sequência: ter preparado e convidado o leitor para a leitura com os desenhos do começo e a introdução, em que conto a história da minha prática. Eis o aquecimento.

Confio também que o relato das experiências tenha feito o leitor sentir-se participante do psicodrama; que tenha acompanhado os feitos de Moreno na criação do psicodrama, bem como a tensão da situação do psicólogo nas épocas difíceis do meu país de origem. Talvez tenha se emocionado, como eu, com as mulheres da minha oficina sobre o feminino. Se o leitor é docente ou pedagogo, poderá ter se identificado – ou não – comigo quanto ao que sente um professor com seus grupos de estudo. Se não é docente, sem dúvida foi estudante e viveu a experiência nesse papel. Talvez o leitor tenha se lembrado de seu grupo de trabalho quando leu o artigo sobre gestão de conflitos nas empresas e possivelmente sentiu vontade de chorar com os meninos de rua. Assim é a ação, ainda que aqui se tenha feito por meio da leitura.

Espero que, em alguns momentos, você tenha apoiado o livro sobre o peito, fechado os olhos e, usando a imaginação, compartilhado comigo suas lembranças, suas experiências e seus sentimentos, ou que tenha comentado com outra pessoa. Esse é o compartilhamento.

Agora passarei a falar sobre a experiência. Caso este livro seja seu primeiro encontro com o psicodrama, recomendo a leitura do Anexo. Trata-se de um material didático que preparei, junto com Jaime Winkler, para a universidade. Ali damos respostas de forma simples e resumida à seguinte pergunta: "O que é psicodrama?", tanto do ponto de vista teórico quanto do técnico. Para fins de processamento, o texto traz referências às experiências relatadas nos capítulos anteriores, localizadas agora no seu contexto técnico e teórico.

PSICODRAMA, ARTE, CIÊNCIA E MAGIA

É muito provável que o psicodrama esteja no extremo mágico das ciências sociais e ao mesmo tempo no extremo científico da magia e das disciplinas esotéricas. Com o psicodrama e a sociometria, pode-se analisar o que acontece no âmbito educacional ou laboral; com a mesma metodologia e as mesmas técnicas, pode-se dar vida às cartas do tarô ou aos números do eneagrama.

Essa diversidade confere ao psicodrama um caráter privilegiado, que lhe permite penetrar em diferentes âmbitos: psicoterapêutico, pedagógico, comunitário, do trabalho, do desenvolvimento humano; nos últimos tempos, o psicodrama voltou às suas origens, vinculadas ao teatro da espontaneidade – pelo qual aborda outro âmbito, o do espetáculo-reflexão. Os atores do teatro espontâneo, vestidos de preto, com poucos elementos de vestuário e elementos cênicos, dão vida às histórias que as pessoas contam. O espetáculo é realizado em hospitais, escolas, praças e até em pequenas salas onde se paga para entrar, como em qualquer teatro. Um diretor de teatro espontâneo ou um psicodramatista, como nos primeiros tempos de Moreno, ajuda a plateia a se converter em dramaturgos improvisados. Improvisados? As pessoas relatam histórias vividas ou ouvidas e os atores representam-nas: é a criação efêmera, inacabada, que não se repete.

Então, o que é psicodrama? É uma disciplina científica? É arte? É magia? É curativo? É didático? É uma tentativa de voltar às épocas xamânicas, quando o médico, o sacerdote e o mestre de cerimônias eram uma pessoa só?

O psicodrama está estruturado como um método: tem raízes filosóficas que o sustentam, uma teoria que o fundamenta, procedimentos técnicos coerentes com essa teoria e uma sequência metodológica a seguir. De acordo com seu objetivo, pode ser terapêutico ou apoiar a aprendizagem, ou pode cavalgar na fronteira onde os campos se encontram e trocam possibilidades. O psicodrama tem herdado da magia os rituais, o caráter de cerimônia, o uso dos símbolos. Também tem uma força estética que pode maravilhar ou comover.

De onde surge tudo isso? O psicodrama retira todos os seus elementos da própria vida, com toda a sua complexidade. Há o protagonista, que procura ser o autor dos argumentos da sua experiência. Também há o espaço dramático, assim como na vida há um espaço vital. Há os egos-auxiliares, porque o ser humano não pode sobreviver sem uma placenta social que substitua a biológica, não pode existir sem outros seres humanos que o auxiliem. Há, além disso, um público, um grupo que fornece apoio, já que o ser humano nasce, vive e se desenvolve em grupos, sempre. Finalmente, há o diretor do psicodrama, que implementa as técnicas, estabelece as regras do jogo e integra o protagonista ao grupo, como faz o pai ou quem o representa na vida real ao ensinar ao filho as normas para viver em sociedade e guiá-lo.

O PSICODRAMA E A RECRIAÇÃO DO VIVIDO

O psicodrama é científico, artístico e mágico, assim como a vida tem suas leis, sua estética e sua magia. Assim os meninos de rua, que nunca aprenderam a jogar, podem desenvolver os personagens da sua *família normal* com toda naturalidade, e os grupos de aprendizagem podem utilizar elementos de contos de fadas e filmes para contar sua história. Também as histórias das mulheres da oficina sobre o feminino se cruzam com a solidão de Marilyn Monroe, com a lembrança das bonecas de papel da infância e com os personagens literários favoritos. Os fantasmas de cada um dos integrantes de um grupo aparecem no espaço dramático da mesma maneira que estão presentes na vida.

Essa simplicidade pode dar a ilusão de que é *fácil* fazer psicodrama, mas somente o conhecimento profundo da teoria e da técnica pode diferenciar a experiência psicodramática de um *happening* em que tudo vale. Um dos objetivos centrais do psicodrama é desenvolver a espontaneidade; entretanto, a espontaneidade sem aquecimento e sem conhecimento – tanto do entorno como de si – é impulsividade.

Nestas páginas tento compartilhar a história de uma prática da forma o mais psicodramática possível. A ideia é mostrar as qualidades de um método aplicável onde quer que exista um grupo humano que esteja disposto a refletir sobre si mesmo. Quis também ampliar a reflexão sobre os tópicos abordados neste li-

JOGANDO A SÉRIO

vro: a aprendizagem, os meninos de rua, as equipes de trabalho, o papel da mulher, o papel profissional e todos os outros temas que surgem da vida e o psicodrama recria para sentir e pensar o vivido de uma maneira diferente.

DEPOIS DO PSICODRAMA

Gostaria de ter terminado este capítulo no parágrafo anterior, com um *tchan!*, como um mágico que agradece depois do espetáculo ou uma atriz que entra pelas cortinas ao terminar o último ato. Porém, a editora pede-me que fundamente melhor minhas declarações. Pois bem, que trabalhar com psicodrama ajuda a mergulhar no conhecimento de si, que dá solidez à aprendizagem para que esta não seja somente uma coleção de conteúdos sem uma verdadeira incorporação elaborada de conhecimentos. O psicodrama ajuda a formar equipes bem integradas para o estudo, para o trabalho e para a vida. Essa é uma especulação somente minha? Uma crença? Ou posso fundamentá-la? O que aconteceu com as mulheres do grupo sobre o feminino, com os alunos do grupo Elite, com as equipes de trabalho das empresas? O que aconteceu com os meninos de rua? – pergunta-me a editora.

Há algum tempo li uma narrativa escrita por um terapeuta americano que se fazia essas mesmas perguntas sobre os seus pacientes. Que terá acontecido com eles? Será que eu realmente os ajudei? Não lembro o nome da narrativa, mas a premissa era divertida: o terapeuta decidia sair de férias, pegar o carro e percorrer o país em busca dos pacientes que fizeram terapia com ele por 20 anos para perguntar-lhes como estão. Enquanto percorria o caminho entre um lugar e outro (estranhamento, todos tinham migrado para diferentes estados), o médico recordava as histórias de cada um.

Recordando do livro, pareceu-me interessante a ideia: em geral os terapeutas, professores e coordenadores de grupo nos falam sobre o resultado do nosso trabalho quando casualmente nos encontramos; apenas em raras ocasiões pode-se fazer um acompanhamento formal.

Decidi localizar algumas pessoas. Não foi possível encontrar todas, mas felizmente a maioria não tinham se disseminado pelo território mexicano em diferentes direções como os pacientes do psicoterapeuta-escritor. Então não tive problemas em ligar e pedir-lhes que me contassem de que lhes serviu o trabalho com o psicodrama.

Fiquei sabendo da triste notícia da morte de Delia, do grupo sobre o feminino, devido a uma doença respiratória. Outros encontros foram mais alegres: deles brotaram os testemunhos a seguir.

ALEJANDRA, FUTURA PSICODRAMISTA

O primeiro desses encontros foi muito gratificante: Alejandra, uma aluna do Elite que também está fazendo o curso de formação em psicodrama conosco, entregou-me uma cópia da sua monografia. Transcrevo aqui, com sua autorização, o que ela escreveu na introdução:

Quando cursava o quinto semestre da licenciatura, fazia dois anos que tinha aulas com o mesmo grupo. Na sala vivia-se um ambiente de competitividade que provocava grande tensão entre os alunos. Os conflitos cresceram tanto que acabamos indo a um lugar desconhecido para nós, em que imaginávamos que trabalharíamos os conflitos para melhorar a convivência. Esse lugar era a Escola Mexicana de Psicodrama e Sociometria. Assistimos a três sessões de quatro horas cada.

Chegamos à primeira sessão com uma atitude de total ceticismo, pois nos perguntávamos: será que a coordenação do nosso grupo pensa que vamos nos tornar melhores amigos? Aquilo era impossível! Entretanto, todos fomos à entrevista. De um lado, sentimos curiosidade de saber o que poderia acontecer com o grupo; de outro, queríamos entender o que era o psicodrama.

JOGANDO A SÉRIO

A primeira sessão não foi tão ruim. Divertimo-nos muito e até praticamos com os companheiros com os quais nunca nos tinha ocorrido dividir algo. No segundo encontro, gostamos de retomar o trabalho que tínhamos iniciado. Finalmente, na última sessão, não queríamos que acabasse. O que tinha acontecido com o grupo durante as 12 horas em que ficamos ali? Não sabíamos. Sabíamos apenas que havíamos compartilhado todo tipo de emoção. Sem perceber, passamos dos jogos divertidos aos encontros entre pessoas em conflito, das atuações às reflexões e do choro ao riso. De volta à sala de aula, descobrimos que, como por arte de magia, a tensão tinha se dissipado.[22]

ATRAVESSANDO FRONTEIRAS

Com um tom muito diferente, a equipe do Capítulo 10 escreve, a meu pedido, este informe:

No princípio, o processo causou certa resistência nas participantes devido à falta de conhecimento sobre as técnicas do psicodrama.

Consideramos, por nossa experiência, que as intervenções foram muito proveitosas, pois evidenciaram certos comportamentos; demo-nos conta de que o que para alguns era normal ou lógico podia não ser para outros membros do grupo. Também percebemos que todo comportamento atual provém de uma série de circunstâncias do passado e como este contamina nossas ações, repetindo-se continuamente.

No nível do grupo, consideramos que obtivemos maior abertura na comunicação e maior integração e compreensão dos processos grupais, resultando em maior coesão.

Todo o processo teve resultados que consideramos positivos. As pessoas que não mudaram no ambiente fluido da empresa separaram-se do grupo. Os que ficaram atualmente sentem-se comprometidos e alertas para evitar repetir comportamentos prejudiciais à organização e ao nosso crescimento dentro da organização.

---

22. Alejandra Ortiz, monografia para obter o grau de licenciatura em Psicologia.

GENTE CRIATIVA

Alguns professores e pedagogos que participaram dos grupos de psicodrama pedagógico continuaram estudando psicodrama conosco e são agora formados ou estudantes avançados da nossa escola; outros utilizaram os conhecimentos adquiridos no curso para enriquecer suas práticas. Vários deles apareceram nos capítulos anteriores:

1. A professora Beatriz Ramírez Grajeda organizou o evento que é relatado no Capítulo 7 com estudantes da turma de Administração.
2. A professora Inés Cornejo Portugal introduziu o psicodrama como ferramenta de pesquisa. Além disso, usando o psicodrama, ela realizou uma pesquisa sobre a mediação da família e da escola na relação dos meninos com a televisão. Dessa pesquisa participaram também dois psicodramatistas formados em nossa escola: Amalia Gómez e Neftalí Gómez.
3. Blanca Ortega, psicóloga que continuou conosco, aplicou o aprendido no curso no campo da prevenção primária e na psicoprofilaxia. Usando técnicas do psicodrama pedagógico, ela criou um programa de prevenção de Aids em escolas preparatórias e de ensino médio.
4. O professor e diretor de teatro Gabriel Labastiga organizou cursos de psicodrama para atores e diretores de teatro.
5. Outros trabalham com o psicodrama pedagógico no campo da orientação vocacional, em comunidades indígenas, na psicologia do esporte, no ensino das artes. Alguns perdi de vista, mas poderia dizer que toda essa gente criativa levou o psicodrama a campos e possibilidades que eu nunca teria imaginado... Creio que até Moreno se sentiria orgulhoso.

OS MENINOS DE RUA

O trabalho que foi feito com as crianças da rua não tinha a intenção de ser uma intervenção clínica com psicodrama. Tratava-se

JOGANDO A SÉRIO

de uma pesquisa cujo objetivo era averiguar as razões de algumas crianças viverem na rua. Afinal, em situações socioeconômicas similares, a maioria dos menores não foge de casa. O psicodrama foi utilizado como alternativa à entrevista em profundidade. No Capítulo 9 chego às minhas conclusões sobre esses motivos do ponto de vista psicológico. São crianças equivalentes, às vezes, ao *paciente identificado* das famílias de classe média: oferecem-se como bode expiatório e, por seu sentimento de culpa, tentam compensar a mãe: "Eu sou o filho que dá problema, que a faz sofrer, se eu for embora você não vai ser tão infeliz". Esse é o discurso de Estopa e de muitos outros meninos.

Mas sem dúvida não podemos considerar os motivos psicológicos os únicos nem também os mais importantes. Alguns foram abandonados e nunca conheceram os pais, outros fogem de casa para escapar da violência ou para usar a seu modo o fruto de um trabalho que de qualquer modo são obrigados a exercer. Partindo de outra perspectiva, a pesquisadora Inés Cornejo Portugal (1999, p. 239-40) afirma:

No imaginário desses meninos, a sociedade aparece como que fechada diante deles ou excludente. Entretanto, notamos sinais de seu desejo de participar dela de maneira ativa. Isso é notado principalmente pela atitude que mostram diante do trabalho, por sua disposição para desempenhar certas tarefas, por seu desejo de ocupar-se do que quer que seja. Portanto, a atividade de menor aprendiz parece-nos uma alternativa possível de ressocialização. A revisão da lei trabalhista e a adequação de programas educativos para ofícios diversos podem ser instrumentos de grande utilidade para enfrentar esse problema. [...]

Desse modo, a cultura de rua deveria ser incorporada como visão do mundo e prática cotidiana que permita aos menores apropriar-se dela e ocupar um espaço da cidade, de maneira intermitente e transferível, onde vivem certos vínculos afetivos e fraternais de reconhecimento e domínio, e como alternativa perante a dinâmica familiar marcada pela violência física ou afetiva.

Ao oferecer possibilidades aos meninos de rua no próprio espaço urbano, é provável que eles sejam capazes de romper o chamado círculo vicioso da marginalização que os envolve na rua, mas não lhes concede um vislumbre de futuro. Apoiando-se em um imaginário mais positivo, livres da autorrecriminação, talvez eles mesmos deem a seus filhos uma alternativa que não tiveram, rompendo assim a realidade de que a rua é um caminho sem volta.

Foram testadas muitas alternativas de intervenção com essas crianças: voltar para casa depois de um trabalho com a família, moradias estatais, trabalhar com eles na rua. Sem dúvida ajudar uma criança – ou duas, ou três – para que ela tenha uma vida melhor vale a pena.

A proposta que surgiu da pesquisa não deixa de ser interessante: oficializar a situação das crianças de rua, permitindo-lhes fazer melhor aquilo que já fazem: trabalhar e viver do fruto do seu trabalho, dando-lhes capacitação e novas atividades.

De minha parte, ainda acho que será difícil que alguma dessas alternativas seja de fato eficaz enquanto continuarmos vivendo o profundo problema social que mantém grande parte da população na indigência e na ignorância. Enquanto isso, qualquer uma dessas alternativas pode ser melhor do que não fazer nada.

Na América do Sul, tive oportunidades de conhecer dois exemplos muito exitosos do que propõe Cornejo na sua pesquisa. No Paraguai existe já há algum tempo uma casa modelo onde jovens infratores são capacitados para trabalhos como sapataria, horticultura, olaria, carpintaria etc. A taxa de reintegração produtiva na sociedade é bastante alta.

No Brasil, tivemos uma experiência emocionante em 1999. Na abertura do II Congresso Ibero-Americano de Psicodrama, em Águas de São Pedro (SP), uma comunidade de ex-meninos de rua com idade entre 6 e 18 anos abriu o evento com um número musical: uma escola de samba formada integralmente por crianças participantes de um trabalho comunitário. A agremiação se mantém com a renda dessas apresentações.

O que aconteceu com Estopa, Uriel, Chonchis, Daniel Tres? Não sei. Nunca tive a expectativa de que as dramatizações ocorridas durante a pesquisa os ajudassem de alguma forma. Mas, se os resultados desse estudo forem levados em conta, talvez outros meninos possam realizar algum dos seus sonhos – ou ao menos se animar a ter sonhos para o futuro.

Eu gostaria de imaginá-los assim, como os meninos de Águas de São Pedro, dançando em uma grande escola de samba, ou... dentro de um grupo de mariachis? Estopa liderando os participantes com seus passos de Michael Jackson, Daniel Tres no centro, fazendo malabarismo, e Uriel no final, sorrindo e encerrando o desfile com uma valsa longa e maravilhosa.

Anexo: o que é psicodrama?

DEFINIÇÃO

O psicodrama foi definido por seu criador, Jacob Levy Moreno, como um método para explorar a fundo a verdade da alma por meio da ação. Tal definição parece ambiciosa e pouco científica, mas continua sendo uma das melhores. O que pode aproximar-nos mais da verdade da alma de um ser humano que as simples cenas da sua vida cotidiana, das suas relações com os outros, dos seus encontros e desencontros?

Podemos dizer também que o psicodrama ajuda o homem a ser protagonista da própria vida, em vez de um ator secundário que representa roteiros escritos por outros. Para tanto, usam-se a representação de cenas, o jogo, o desenvolvimento da espontaneidade e da criatividade, a exploração do lugar do outro nas situações vividas e, sobretudo, a recriação da experiência no espaço dramático.

JACOB LEVY MORENO

O criador do psicodrama, J. L. Moreno, foi um médico romeno que nasceu no final do século XIX. Sua obra mais conhecida é o psicodrama como técnica, mas a ele se devem também muitos dos conceitos hoje integrados à linguagem psicológica cuja origem não se pesquisa: Moreno é um pioneiro da psicoterapia de grupo, da teoria dos papéis e da psicologia social mediante a sociometria. Zerka Moreno, sua segunda esposa, trabalhou com ele, contribuindo para o desenvolvimento do psicodrama.

CAMPOS DE AÇÃO DO PSICODRAMA

Segundo a definição, pode parecer que o objetivo principal do psicodrama seja terapêutico; de fato, essa abordagem é mais conhecida na psicoterapia que em outros campos. No entanto, como vimos no Capítulo 1, esse é o último objetivo que aparece na história da criação do psicodrama. Moreno era antes de tudo um humanista; ele pesquisava a espontaneidade e a criatividade.

O centro do trabalho de Moreno esteve sempre nos grupos, por uma razão muito simples: o ser humano desenvolve-se em grupo – vive, trabalha, aprende, joga e se diverte em grupos. Ainda que a clínica continue sendo o campo privilegiado e mais conhecido da prática, o psicodrama adapta-se à coordenação de qualquer tipo de grupos humanos: docência, capacitação e formação de atores.

O MÉTODO PSICODRAMÁTICO

O psicodrama é um método para coordenar grupos por meio da *ação*, e foi criado *a partir dos* e *para os* grupos humanos. Seu corpo teórico básico é a sociometria, que pode ser definida como a ciência das relações interpessoais. O psicodrama contempla todos os requisitos de um método:

- É um caminho para abordar um objetivo.
- É um conjunto de procedimentos sistematizados em passos, técnicas e recursos dramáticos.

- Oferece uma trama sequencial (aquecimento, dramatização, compartilhamento e processamento) que lhe dá consistência.
- Deriva de uma teoria com a qual é coerente.

BASES FILOSÓFICAS DO PSICODRAMA

Moreno, como filósofo e pioneiro da psicologia social e da psicoterapia de grupo, recebeu influências de autores como Henri Bergson, Martin Buber e Sören Kierkegaard, além do hassidismo e de existencialistas heroicos como Albert Schweizer e Leon Tolstói, entre outros. As bases filosóficas do psicodrama são tão importantes como sua fundamentação teórica; constituem uma filosofia de vida e podem ser sistematizadas em três vertentes principais: a filosofia do momento, o encontro eu-tu e a espontaneidade-criatividade.

FILOSOFIA DO MOMENTO

O conceito de *momento* é fundamental na obra de Moreno e se reflete no psicodrama como método: todo instante vivido é um entrelaçamento entre nossa história passada e a ação presente, ambas inseparáveis. Todo ser e todo ato tem uma *matriz* (uma origem), um *status nascendi* (desenvolvimento) e um *locus* (lugar); porém, só conseguimos perceber nossa existência a partir *deste* momento e *neste* lugar, de modo que tudo ocorre *aqui* e *agora*.

ENCONTRO ENTRE PESSOAS E CONSIGO MESMO

O psicodrama é uma filosofia das relações humanas e a palavra *encontro* não quer dizer mais do que expressa: todos os conceitos de Moreno têm essa profundidade do simples.

No psicodrama, as relações humanas não são compreendidas a partir de um eu que se relaciona com os outros, mas a partir do encontro entre duas ou mais pessoas que interagem no amor ou no enfrentamento (*encontro* quer dizer também *em contra*): o centro é o encontro e não o eu.

O grupo, por sua vez, é o lugar onde se produzem diversos encontros entre seus membros e no qual cada participante, graças ao trabalho dramático, pode ter um encontro consigo mesmo.

RECUPERAÇÃO DA ESPONTANEIDADE E A CRIATIVIDADE

Os conceitos de espontaneidade e criatividade configuram uma filosofia da natureza humana. Para Moreno, a criança que nasce é um gênio em potencial, cujo desenvolvimento muitas vezes a sociedade limita. A espontaneidade é a resposta adequada a uma situação nova ou a resposta nova a uma situação antiga; portanto, o nascimento é a primeira resposta nova por excelência.

Sem espontaneidade não há criatividade; a espontaneidade é o catalisador da criatividade; esses conceitos são também uma filosofia da aprendizagem. O ser humano move-se sempre entre o automatismo e a reflexão, entre reproduzir e criar, entre o ato criativo e a conserva cultural. Tudo isso é também a base da simplíssima concepção psicopatológica moreniana: um homem espontâneo e criativo é um homem sadio. Por esse motivo, as intervenções nos grupos de ensino ou de trabalho (Capítulos 4, 7 e 10), a reflexão em ação sobre a relação professor-aluno (Capítulo 5), sobre o papel profissional (Capítulo 6 e 8) ou sobre o papel da mulher (Capítulo 3) são tão importantes para o psicodrama como trabalho terapêutico. Essas intervenções se situam entre a pedagogia e a clínica, entre o ensino e a prevenção, de modo que ajudam o ser humano a desenvolver com criatividade suas potencialidades, evitando doenças e infelicidade.

NÚCLEOS TEÓRICOS BÁSICOS DO PSICODRAMA

TEORIA DOS PAPÉIS

Esse é, talvez, o núcleo teórico mais conhecido da obra de Moreno, embora ainda se discuta a "paternidade" do conceito de papel.

JOGANDO A SÉRIO

O papel é um conceito vincular que Moreno definiu como "a menor unidade de conduta". Para Moreno, o eu surge dos papéis e não o contrário, ou seja, o eu também é um conceito vincular. Os primeiros papéis estão ligados às funções fisiológicas: ingeridor, defecador e urinador (papéis psicossomáticos).

Em alguns textos, Moreno diz que depois dos papéis psicossomáticos surgem os psicodramáticos (libertador, rebelde, conciliador), e em outros considera que os papéis sociais (mãe, professora, enfermeira) antecedem a estes. Inclinamo-nos pela sequência que nos parece mais lógica, ainda que nem todos os autores estejam de acordo: papéis psicossomáticos, psicodramáticos e sociais. Os primeiros descrevem condutas ligadas aos processos fisiológicos; os segundos, a processos psicodramáticos; os terceiros, a processos sociais.

O que é claro é que os papéis se desenvolvem como "unidades de conduta", dos comportamentos mais simples aos mais complexos, e sempre em relação com o outro ou os outros, de maneira que cada papel tem seu complemento: mãe-filho, professor-aluno etc. Quando um papel se torna patológico, seu papel complementar também o faz; por exemplo: mãe permissiva-filho manipulador.

No Capítulo 6, é possível verificar como o papel social de professor às vezes se constrói sobre um papel psicodramático de *forte*, quase de *super-herói*. Para algumas das participantes desse grupo, o papel de *filha forte* tinha na infância como complemento patológico o papel de *mãe frágil* ou oprimida pelas circunstâncias. O papel de *forte* ocultava, portanto, o de menina indefesa e necessitada; como se a *Mulher-Maravilha* encobrisse a pequena vendedora de fósforos. Somente aceitando a própria necessidade infantil o papel de professora que ensina e ajuda poderia desenvolver-se com toda sua potência criativa.

Nos estágios mais primitivos de desenvolvimento, os papéis não são complementares, mas suplementares: quando surgem os papéis psicossomáticos, a mãe ou cuidador o faz sempre de modo

193

suplementar, pois tem de fazer pelo bebê o que este não pode fazer por si mesmo.

O conjunto de papéis que compõem o eu é denominado *átomo cultural*. Ele corresponde a um *átomo social real* constituído pelos indivíduos que desempenham os papéis complementares. A representação psicológica dos átomos sociais e culturais é o *átomo social perceptual*, conceito comparável ao de grupo interno, pensando nos papéis.

Quando nossa espontaneidade é afetada, nossos papéis tornam-se rígidos ou estereotipados e limitados. Ao contrário, quando a espontaneidade é bem desenvolvida, conseguimos desempenhar novos papéis ou ser mais criativos em nossos papéis sociais. É quando o psicodrama intervém, ajudando-nos a liberar nossos papéis de seus complementares patológicos, ao mesmo tempo que amplia e torna mais criativo nosso repertório de papéis. No Capítulo 3, o conjunto de papéis que desempenham as mulheres do grupo aparece graficamente representado como a vestimenta das bonecas de papel. Assim eles podem ser concebidos: como trajes que aprendemos a usar em diferentes circunstâncias ou como os diversos personagens que representamos no drama da vida.

Em capacitação, trabalha-se especificamente com o tema dos papéis, como quando abordamos o papel de mestre, o papel de vendedor ou o de líder. O psicodrama não intervém no sentido de ensinar um modelo de papel social – por exemplo: como deve ser o professor ideal ou qual é o perfil de um líder –, mas ajuda a desenvolver a espontaneidade do grupo de professores de forma que cada um encontre sua maneira melhor e mais criativa de desempenhar esse papel... ou aprenda a exercer funções de liderança com estilo próprio.

TELE E TRANSFERÊNCIA

Assim como a teoria dos papéis pode ser considerada uma teoria das relações humanas, os conceitos de *tele* e *transferência*, ao lado

JOGANDO A SÉRIO

dos conceitos sociométricos de critério, sinal, emissor, receptor, mutualidade e incongruência, constituem uma teoria da comunicação. Nesse núcleo teórico, como nos demais, estão presentes todos os elementos da filosofia moreniana: a espontaneidade--criatividade, a filosofia do momento e, especialmente, a filosofia do encontro.

Nós, seres humanos, vivemos permanentemente escolhendo uns aos outros de acordo com o cumprimento de certas tarefas. As escolhas podem ter três sinais: positivo, negativo e neutro. Se são escolhas mútuas (mutualidades), sempre têm o caráter de encontro; a exclusão mútua para determinado critério é, do ponto de vista moreniano, um encontro: dois amigos podem escolher-se com sinais positivos para ser confidentes e compartilhar momentos de descanso e diversão e, em troca, escolher-se com sinal negativo pra estudar juntos, já que ambos se distraem e o estudo não resulta produtivo.

Desde o primeiro momento que duas pessoas se encontram, imediatamente se estabelece uma comunicação a distância. Essa unidade mínima de comunicação que dá lugar aos encontros mútuos de qualquer signo é o fator *tele*: é a menor unidade de sentimento transmitida de um indivíduo para outro. Nessa transmissão, ambos são receptores e emissores de mensagens, podendo percebê-las e emiti-las corretamente.

Todo encontro ocorre no aqui e agora. A transmissão mútua de sentimentos adquire o caráter de *momento* de encontro. A história de cada um é parte desse instante, ainda que não seja consciente para os envolvidos no encontro. Em outras palavras, o fator tele inclui os dois polos da comunicação: é uma empatia bidirecional.

Entretanto, nem sempre as relações humanas têm o caráter de encontro. Muitas vezes a comunicação se distorce. Os fantasmas de nossa história levam-nos a interpretar a realidade com base em nossas experiências anteriores, em vez de nos ajudar unicamente a perceber de maneira correta os vínculos do presente.

Como não conseguimos viver o momento, nossa espontaneidade fica limitada e experimentamos o desencontro.

A essa distorção do fator tele, que quase sempre se manifesta numa incongruência (uma escolha de sinais diferentes para determinado critério) Moreno denomina transferência. Em alguns textos, ele afirma que o fator tele configura as relações sadias, enquanto a transferência retrata um fenômeno patológico.

A diferença fundamental entre os conceitos moreniano e psicanalítico de transferência é que o primeiro não se limita à situação terapêutica e, além disso, nega a existência da contratransferência – a transferência do terapeuta é, para Moreno, transferência, não contratransferência. Segundo ele, ambos têm o mesmo valor.

No trabalho terapêutico, um dos objetivos é sempre restabelecer o fator tele, mas para tanto é necessário, assim como na psicanálise, analisar a transferência. No psicodrama o trabalho se faz por meio da ação. Como os obstáculos transferenciais da comunicação adquirem o caráter de *fantasmas*, o caminho do psicodrama é especialmente útil, pois no espaço dramático os fantasmas podem ser facilmente evocados. No Capítulo 10 vimos como a comunicação entre os integrantes de uma equipe de trabalho está distorcida pelos fantasmas de cada um.

Na capacitação e na docência, assim como em qualquer tipo de grupo não terapêutico, o fator tele centra-se na relação grupal. Os chamados "trabalhos de encontro" tendem a restabelecer o fator tele dentro do grupo. A segunda parte do Capítulo 4, assim como os Capítulos 7 e 10, relatam vários trabalhos desse tipo.

TEORIA DO DESENVOLVIMENTO DA CRIANÇA

Do nosso ponto de vista, o núcleo teórico mais representativo da obra de Moreno é a teoria do desenvolvimento da criança. Sempre me pareceu maravilhoso que daqui partam todos os elementos da teoria e da técnica do psicodrama. Daqui saem

JOGANDO A SÉRIO

também os outros núcleos teóricos e os fundamentos filosóficos da abordagem.

Moreno descreve o nascimento da criança como um ato de espontaneidade e demonstra, como o fizeram Freud e Wallon, o estado indefeso em que o bebê nasce, ao contrário dos outros animais. A isso ele dá uma conotação totalmente positiva: a vulnerabilidade situa a criança em uma *placenta social* que continua a função da placenta uterina e a converte em um ser social ao transmitir-lhe uma herança social e cultural.

Para Moreno, o homem "se atreve" a nascer com menos autossuficiência que os outros animais. Essa placenta social se converte no *universo* da criança; um universo que vai variando à medida que ela cresce. Assim, Moreno descreve dois universos.

Na etapa inicial do primeiro universo, a criança aparece como um candidato a *protagonista* da própria vida. A mãe, ou quem desempenha seu papel, é o primeiro *ego-auxiliar*, como um prolongamento do seu corpo: ela faz por ele tudo que ele não pode realizar por si mesmo; age como seu duplo. Entre mãe e filho há uma *unidade de ação, de existência e de experiência.*

Na segunda etapa, "a criança concentra a atenção no outro e sente saudade de si mesma". "Essa é uma etapa intermediária, de transição, para passar à terceira fase, na qual a criança separa a outra parte da continuidade da experiência e deixa de fora todas as outras partes, incluindo a si mesma." Essa é a base da inversão de papéis, que ainda não é possível, embora certamente constitua uma etapa para diferenciar-se do outro.

O primeiro universo termina quando a criança começa a diferenciar o mundo e a distinguir fantasia de realidade.

No segundo universo, em que se diferenciam fantasia e realidade, eu e outro, objetos e pessoas, a criança já consegue efetuar a inversão de papéis. A matriz de identidade sai do plano familiar para o social.

Dessa teoria do desenvolvimento da criança surgem todos os elementos do psicodrama, menos um:

María Carmen Bello

- o protagonista da própria vida é a criança;
- o primeiro ego-auxiliar é a mãe;
- o espaço dramático é constituído pelo espaço vital da criança, que primeiro se limita ao corpo da mãe e posteriormente se amplia;
- o público são os personagens que adquirem destaque na matriz familiar;
- o elemento ausente é o diretor (o pai).

Levando em conta tanto as contribuições da psicanálise quanto o que observamos na clínica, devemos admitir que, para obter a verdadeira troca de papéis, é necessário romper a figura especular formada por mãe e filho, e tal ruptura não pode acontecer de forma gradual. É o pai que realiza esse *corte*, como diz Lacan, ou *brecha* nas palavras de Moreno, desempenhando seu papel de transformar mãe e filho em duas entidades separadas.

TEORIA DA TÉCNICA

ELEMENTOS OU INSTRUMENTOS DO PSICODRAMA

Já vimos que os elementos do psicodrama surgem da teoria do desenvolvimento da criança. O psicodrama recria a vida, e para fazê-lo deve tomar os elementos da própria vida.

O protagonista. É aquele sobre quem se centra a ação dramática. No grupo, é aquele no qual se produz o entrelaçamento entre a temática grupal e a história individual. Porta-voz dramático, é capaz de representar, mediante as cenas da sua vida, algo que englobe a todos.

O ego-auxiliar. Do ponto de vista técnico, os egos-auxiliares são os herdeiros dos atores do teatro da espontaneidade. No psicodrama público, e nas sessões de psicodrama individual ou bipessoal relatadas por Moreno, ele trabalha acompanhado de "egos-auxiliares treinados". Em seus escritos, percebe-se que Zerka muitas vezes desempenhava essa função.

Hoje, os egos-auxiliares treinados são cada vez mais raros. Essa função é exercida pelos próprios companheiros de grupo. Somente no psicodrama psicanalítico francês observa-se o termo ego--auxiliar para os coterapeutas que participam da dramatização.

O diretor. É quem conduz a sequência dramática, instrumenta as técnicas e os recursos do psicodrama, funciona como elo entre o grupo e o protagonista e coordena o espaço do compartilhamento.

O espaço dramático. É o espaço físico onde se realiza a dramatização, mas bem mais que isso: trata-se do lugar do "como se" dramático: como se essa fosse minha casa, como se esse fosse meu pai, como se essa fosse a época da minha adolescência.

O público. É a parte do grupo que não participa diretamente da dramatização; alguns autores a chamam de *grupo*, mas o grupo compreende também os egos-auxiliares e o protagonista, razão pela qual nós preferimos o termo público para designar aqueles que por um momento ficam fora do espaço dramático, mas sempre participam, ainda que com o silêncio – o que se reflete no momento de compartilhar.

PASSOS OU FASES DO PSICODRAMA

O procedimento sequencial do psicodrama como método abarca uma série de passos ou fases que dão a ordem temporal da ação:

Aquecimento. Dado que o psicodrama se inspira na vida, a ação dramática reproduz algo que também ocorre na vida: a preparação para a ação. Antes de comer, por exemplo, arrumamos a mesa, lavamos as mãos, algumas pessoas rezam uma oração de agradecimento; no psicodrama de alguma maneira nos preparamos física e animicamente para todas as sessões, até as mais simples. Se não o fazemos, a ação pode bloquear-se ou resultar impulsiva.

No psicodrama, a preparação para a ação é o aquecimento que o diretor pode facilitar utilizando variados recursos e técnicas: jogos dramáticos, psicodrama interno (fantasias dirigidas) e recursos auxiliares como a música, a expressão corporal e a expressão verbal.

Dramatização ou ação propriamente dita. A ação dramática pode estar centrada:

- No grupo: quando trabalhamos em nível sociodramático ou sociométrico.
- No indivíduo: quando trabalhamos com psicodrama centrado no protagonista.
- Em vários protagonistas: por exemplo, nos trabalhos de encontro, ou no psicodrama de casal e família.

Em geral, no psicodrama pedagógico e na capacitação com psicodrama, trabalhamos no nível sociodramático. Às vezes a ação centra-se em um ou outro protagonista, mas em geral o centro é o grupo ou o tema que se está trabalhando.

Por outro lado, em psicoterapia, a dramatização centrada no protagonista é o recurso por excelência. E, quando se trabalha em grupos terapêuticos, o grupo é o centro: as cenas individuais entrelaçam-se, *multiplicam-se* e *grupalizam-se*.

Compartilhamento. Etapa que permite verbalizar os sentimentos e lembranças que cada um invocou durante a ação dramática. Para o protagonista, é o momento de receber; para o grupo, de adquirir o nível de protagonista. Em sessões prolongadas, é quando normalmente surge outro protagonista, e em sessões curtas partilha-se de maneira verbal.

JOGANDO A SÉRIO

Zerka Moreno descreveu essa etapa muito poeticamente dizendo que é o momento em que "fala o coração". Também em grupos não terapêuticos essa fase é imprescindível; não é necessário falar de algo íntimo ou conflituoso, mas da própria experiência e dos sentimentos.

Processamento e conceituação. Nos grupos de aprendizagem de psicodrama, agregamos outro passo: o processamento, que consiste em revisar o trabalhado vivencialmente à luz dos conceitos teóricos e técnicos do psicodrama. No psicodrama pedagógico e em capacitação, é o momento de falar sobre o tema que está sendo abordado.

TÉCNICAS DO PSICODRAMA

Quanto a esse tema existem grandes divergências na literatura psicodramática. Chamam-se de técnica muitas atividades: inversão de papéis, dramatização de sonhos, aquecimento, loja mágica etc.

Vimos que da teoria do desenvolvimento da criança surgem três técnicas, que representam as funções da mãe como ego-auxiliar e que chamaremos de *técnicas básicas*. Elas são implementadas pelo diretor, mas se centram no ego-auxiliar.

Duplo. É o ego-auxiliar que faz ou diz o que o protagonista não pode dizer nem fazer por si só, como faz a mãe para a criança na etapa inicial do primeiro universo.

Espelho. É o ego-auxiliar que devolve ao protagonista uma imagem de si mesmo, como faz a mãe em um segundo momento do desenvolvimento.

Troca ou inversão de papéis. É o ego-auxiliar que desempenha na cena o papel de outro significativo do protagonista, inverte papéis com ele e lhe permite experimentar o lugar do outro, como a mãe na primeira etapa do segundo universo. Trata-se da técnica mais representativa do psicodrama.

Da intervenção direta do diretor na dramatização surgem as *técnicas secundárias,* cujos objetivos são formais ou interpretativos.

Solilóquio. Como ocorre no teatro, o solilóquio consiste em dar voz aos sentimentos e pensamentos que o resto dos personagens da cena *não ouve.* É como o recurso da voz em *off* no cinema, quando se ouve o que o protagonista pensa, mas não diz.

Entrevista. Consiste em uma reportagem que o diretor faz com o protagonista, estando ele em seu papel ou em outro. Permite obter informação sobre os personagens e seus pontos de vista dentro da ação sem recorrer à história.

Amplificação. O diretor escolhe amplificar um gesto, uma frase ou um momento da ação que lhe pareça relevante para compreender a ação ou mudar a perspectiva da dramatização.

Câmera lenta. Técnica que permite fixar a atenção em um momento importante da cena. Ao repeti-la lentamente, como se a passássemos em câmera lenta, é possível recuperar o que na cena vivida não houve tempo de perceber.

Interpretação a partir do papel. O diretor pode realizar a interpretação durante a ação, a qual tem valor diferente do de um contexto puramente verbal.

Concretização. Consiste em representar mediante uma imagem, um sentimento ou uma situação expressa pelo protagonista, como sua asfixia, suas barreiras, sua sensação de estar em um poço ou em um pedestal, de ser atraído por forças opostas etc.

Em geral, a técnica é utilizada em momentos cruciais ou resolutivos da dramatização, como para encontrar uma cena regressiva que dê sentido à cena atual ou para definir o que o protagonista quer fazer diante das circunstâncias.

RECURSOS DO PSICODRAMA

Chamamos de *recursos* os procedimentos técnicos mais complexos, nos quais se podem utilizar várias das técnicas já descritas. Na literatura moreniana os recursos são descritos como técnicas, sem diferenciação.

Dramatização de cenas. Lamentavelmente, o termo *dramatização* também é utilizado para designar genericamente qualquer trabalho dramático, assim como para falar do segundo passo do psicodrama: o da ação. Nós o utilizamos para nomear o recurso por excelência do psicodrama: a dramatização de cenas, ou seja, a recriação no espaço dramático de situações vividas pelo protagonista.

A cena é *a unidade dramática* do psicodrama. A cena tem um lugar, um tempo e uma ação. A ação pode ser algo tão simples como um olhar que se cruza com outro ou um momento de reflexão.

Dramatização completa. Obviamente o termo *completa* não é adequado, porque induz-nos a pensar que a dramatização de cenas é incompleta. Chamamos assim as dramatizações clínicas ou terapêuticas que põem em jogo o mecanismo de catarse de integração e originam um processo que vai *da periferia ao centro*, do *nível mais superficial* ao *núcleo* conflituoso.

Alguns psicodramatistas chamam tais dramatizações de *psicodrama*, simplesmente, um psicodrama. Elas seguem um caminho geral dependendo do estilo do diretor:

- Um contrato com o protagonista e o grupo no qual se delineia o conflito ou problema a investigar.
- Uma primeira cena atual ou do passado imediato que exibe esse problema (ou, em outros termos, que mostre o *locus* do papel em conflito).
- Uma ou várias cenas intermediárias – em sentido regressivo, ainda que não necessariamente em ordem cronológica – que

seguem uma espécie de "pista" do contrato, em uma busca investigativa do *status nascendi* do papel em conflito.

- Uma cena nuclear ou nodal, que dá sentido a todo o anterior e, em geral, plasma-se em uma imagem que pode corresponder a muitas cenas diferentes e constituir a *matriz* do papel em conflito.
- Uma *resolução* simbólica do conflito, que consiste na *reparação dramática*, ou seja, liberar o afeto, entender, perdoar e modificar.
- A volta à primeira cena, quando se ensaia a mudança necessária para dar "uma resposta nova a uma situação antiga".

Vinheta. É a condensação de uma dramatização completa, em que, em vez de fazer um trajeto regressivo por várias cenas, trazem-se à cena atual os elementos mais importantes do passado que determinam a conduta do protagonista no presente.

Dramatização de sonhos. Aqui se explora dramaticamente a cena onírica. Zerka Moreno descreve uma sequência que já é clássica e que seria inútil repetir. Às vezes, a dramatização de sonhos pode ser um ponto de partida para uma dramatização completa.

Dramatização de lutos. O psicodrama, com sua possibilidade de recriar o ausente no espaço dramático, permite desenvolver o que Freud chamou de *trabalho de luto*. Como ocorre com a dramatização completa, a dramatização de lutos permite um trabalho curto, com todas as etapas do trabalho de luto: negação, revolta, aceitação, gratidão, despedida e incorporação do vivido.

Dramatização das imagens. Ao contrário da cena, a imagem não tem um tempo, um lugar ou uma ação determinada: ela é simbólica. Seu objetivo não é a na ação, mas a configuração, a estrutura. Exemplos de dramatização de imagens são as esculturas, as dramatizações do átomo social e as fotos.

Jogos dramáticos. O lúdico é próprio do psicodrama. O psicodrama psicanalítico francês menciona o jogo, em sentido amplo, como a característica essencial dessa abordagem.

Como recurso técnico, o jogo centra-se no grupo e pode ser algo bem geral: fingir que somos animais selvagens, que aqui existe um baú com fantasias, que temos um tapete mágico que pode nos levar a qualquer lugar. Mas também existem jogos dramáticos já estruturados, cujo exemplo clássico é a loja mágica descrita por Moreno. A maioria das chamadas *dinâmicas* de grupo é composta de jogos dramáticos estruturados. Estes são especialmente úteis na etapa de aquecimento ou para desenvolver determinado tema grupal.

Teatro espontâneo. Como vimos no Capítulo 1, o psicodrama nasceu do teatro espontâneo. Ele ressurgiu recentemente e se desenvolveu, podendo ser considerado uma disciplina independente – em geral desvalorizada – no trabalho com comunidades e grupos amplos. A diferença do psicodrama é que no teatro espontâneo o protagonista não participa da cena, apenas relata uma história que é representada por atores ou pelo ego-auxiliar.

Como recurso, é sumamente útil no psicodrama pedagógico, em que serve também para transformar o tema da aula em *texto vivo*. Alguns exemplos desse recurso apareceram ao longo deste livro.

Variações do teatro espontâneo são o cinedrama e o jornal vivo, nos quais os pontos de partida para as representações são um filme e notícias de jornal, respectivamente. No teatro e em oficinas de criatividade para escritores, pode-se utilizar o teatro da espontaneidade para a composição de personagens e a criação literária, à maneira de Pirandello.

Psicodrama interno. São fantasias dirigidas. Nesse caso, a imaginação é o espaço dramático; pode ser utilizado como aquecimento, como trabalho em si para grupos numerosos ou em substituição ao psicodrama em ação para protagonistas que não podem se locomover.

Role-playing ou desempenho de papéis. *Role-playing* é outro termo conflituoso: muito utilizado, mas maldefinido na literatura do psicodrama. Trata-se de uma das etapas do desenvolvimento dos papéis: *role-taking, role-playing* e *role-creating*. Também é usado para designar um recurso técnico: dramatizações grupais centradas em um papel (papel do terapeuta, do professor, do enfermeiro etc.), mais que em um indivíduo. É utilizado no psicodrama pedagógico, na capacitação e no treinamento profissional.

Trabalho de encontro. Recurso utilizado, segundo Moreno, para estender uma ponte entre dois protagonistas. É possível empregar todas as técnicas do psicodrama (duplo, espelho, inversão de papéis, solilóquio etc.), com a finalidade de restituir o fator tele na relação. Libertam-se os fantasmas transferenciais que podem estar interferindo. Além disso, versões conflitantes do mesmo fato podem ser dramatizadas.

Esse recurso é utilizado quando há um conflito entre duas ou mais pessoas no grupo; também é a base da terapia psicodramática de família e de casal. Em capacitação, é o modelo psicodramático que costuma ser chamado de *gestão* ou *manejo de conflitos*.

MECANISMOS DE AÇÃO

Catarse de integração. O termo "catarse" originalmente significa limpar, purificar. Nos escritos hipocráticos, refere-se a vomitar ou a purgar determinada doença; com o tempo, adquire sentido psicológico: purgar emoções ou expressar. Aristóteles o utiliza para designar o efeito da tragédia no público. O filósofo grego falou da tragédia como "uma imitação da ação e da vida". A esse respeito, Moreno (1975, p. 64) diz: "O psicodrama define o teatro mais como extensão da vida e da ação do que como sua imitação".

Em seus primeiros escritos, Freud também usou o termo "catarse" para designar a descarga emocional produzida pela lembrança e pela verbalização de uma situação traumática vivida. O conceito, já não circunscrito à ideia de *rememoração* e *ab-reação* (hoje se fala em *repetir para elaborar* – por exemplo, mediante transferência), continua presente na teoria da cura psicanalítica. Moreno retoma o conceito aristotélico e o amplia para descrever um processo que se dá no psicodrama. Para ele (1962, p. 367), trata-se de "um processo que não somente apazigua e alivia o sujeito, mas também lhe traz equilíbrio e paz interior". Moreno (1975, p. 65) também afirma: "A catarse é gerada pela visão de um novo universo e pela viabilidade de novo crescimento (a ab-reação e a descarga de emoções são apenas manifestações superficiais). A catarse começa no ator quando este representa o próprio drama, cena após cena, e alcança o clímax quando ocorre sua peripécia".

Até esse ponto, Moreno fala de catarse parcial, insistindo que a catarse não consiste somente em uma descarga emocional. Sem dúvida, a catarse de integração, assim entendida, é um mecanismo de ação do psicodrama: permite que o passado passe à categoria de história e que a tragédia adquira caráter de drama e de comédia ao ser elaborada, e não apenas verbalizada ou repetida.

O agente de mudança que provoca ou favorece a catarse de integração é o próprio processo da dramatização, que chamamos de completa, e que outros autores chamam de *um psicodrama*, que reproduz um processo terapêutico em pequena escala.

Insight dramático. Em inglês a palavra *insight* significa olhar para dentro. É um termo usado em psicoterapia para denominar o novo conhecimento adquirido sobre si mesmo no processo de crescimento pessoal. No México e no Brasil, usa-se uma expressão muito interessante para descrever o processo: "caiu a ficha".

Na catarse de integração sempre há *insight* dramático, mas não necessariamente o oposto é verdadeiro. Qualquer uma das técnicas do psicodrama pode ser agente de mudança que leva ao *insight* dramático, por exemplo:

- Na inversão de papéis, ver a situação do ponto de vista do outro.
- Ver-se de fora (espelho).

MARÍA CARMEN BELLO

- Colocar em palavras algo nunca dito, dentro da ação, com a ajuda de um duplo, de um solilóquio ou da amplificação.

ELABORAÇÃO VERBAL

Esse mecanismo de ação foi criado por Dalmiro Bustos. Consideramos que nessa expressão condensam-se vários aspectos diferentes: um deles é o processo de simbolização, em que o protagonista, geralmente depois de cada sessão, verbaliza aquilo que aprendeu, o que recuperou de sua história ou de sua circunstância atual durante a dramatização.

É importante diferenciar a elaboração verbal da interpretação: a primeira é tarefa do terapeuta, enquanto a segunda é um trabalho do protagonista.

A SOCIOMETRIA

Criada também por Moreno, a sociometria pode ser considerada uma disciplina independente cujo objetivo é a investigação e a medição das relações interpessoais. A originalidade do método sociométrico consiste no seguinte: sua base é a reflexão e a espontaneidade do sujeito, que se converte em pesquisador: deixa de ser sujeito passivo para ser um ator que participa das experimentações e avalia seus resultados.

Etimologicamente, a palavra deriva do latim – *socius* significa "companheiro"; *metrum*, "medida". Também quando parecia uma tarefa impossível, Moreno conseguiu, com elementos aritméticos muito simples, medir e expressar graficamente algo tão sutil como as relações interpessoais.

Não existe uma linha divisória clara entre o psicodrama e a sociometria: os dois **métodos** coexistem no trabalho com grupos. É possível trabalhar sociometricamente tanto em grupos terapêuticos e familiares como em grupos de aprendizagem ou nas empresas. Como vimos nos Capítulos 5, 6, 7 e 10, o trabalho psicodramático pode complementar-se com pesquisas sociométricas e vice-versa. Os trabalhos de encontro já descritos são recursos técnicos pertencentes a ambos os métodos.

Sociometria em ação. Sempre que trabalhamos dramaticamente para conhecer a composição de um grupo, as diferenças e afinidades entre seus integrantes ou a dinâmica da relação estabelecida entre eles, utilizamos recursos da sociometria em ação. No Capítulo 4, as dificuldades do primeiro grupo são expressas mediante a imagem de um barco que não avança, enquanto a composição do segundo grupo no espaço dramático desenrola-se com uma paisagem com rios, árvores e montanhas.

Teste sociométrico. Entre os instrumentos valiosos com que conta a sociometria está o *teste sociométrico*, que permite observar o momento que vive o grupo e a localização sociométrica de cada um de seus integrantes. Trata-se de um instrumento quantitativo e qualitativo que, além de diagnosticar, produz modificações no grupo e nas relações entre seus membros.

Átomo social. Cada indivíduo é o centro de uma rede de inter-relações, chamada por Moreno de *átomo social*. Temos um átomo social na vida, constituído por nossas relações afetivas – cônjuge, filhos, amigos, colegas de trabalho etc. Também ocupamos um lugar sociométrico dentro de cada um dos grupos a que pertencemos. O átomo social pode desenvolver-se tanto gráfica como dramaticamente. Aliás, Moreno elaborou um teste com base nesse conceito.

SÍNTESE

O psicodrama, criado pelo médico romeno Jacob Levy Moreno (1889-1974), é um método para coordenar grupos humanos mediante a ação. O campo mais conhecido do psicodrama é a psicoterapia, mas demonstrou também sua utilidade na pedagogia, na psicologia social e preventiva, no desenvolvimento de organizações, na capacitação de funcionários e na formação de atores e diretores de teatro.

O psicodrama e a sociometria estão baseados na vida em grupo. O grupo é o ambiente em que ocorre o encontro e também é o agente de mudança para seus integrantes.

As bases filosóficas do psicodrama são tão importantes quanto sua fundamentação teórica. Trata-se de uma filosofia de vida baseada na espontaneidade-criatividade, no encontro entre pessoas e consigo, assim como na existência percebida a partir de um *aqui e agora* integrador.

Os fundamentos teóricos do psicodrama incluem a teoria dos papéis, os conceitos de tele e transferência – que configuram toda uma teoria da comunicação – e uma visão do desenvolvimento infantil.

Os *elementos* ou *instrumentos* do psicodrama são cinco: protagonista, ego-auxiliar, espaço dramático, diretor e público. Suas fases ou etapas são três: aquecimento, dramatização e compartilhamento; nos grupos de aprendizagem do psicodrama, incluímos uma quarta etapa: o processamento técnico.

Em psicoterapia psicodramática consideramos vários mecanismos de ação, entendidos como fatores terapêuticos ou de transformação e crescimento, dos quais destacamos aqui três: *insight* dramático, catarse de integração e elaboração verbal.

Teoria, técnica e filosofia constituem um todo harmônico. É verdade que alguns dos recursos técnicos do psicodrama se popularizaram com o nome de *dinâmicas de grupo*, mas seu exercício exige uma formação séria e rigorosa. É importante não confundir espontaneidade com impulsividade ou ausência de regras, nem rigorosidade com rigidez. O psicodrama tem algo de mágico na vivência, em seu impacto estético e emocional, mas é sua teoria que dá solidez e estrutura à prática.

A concepção moreniana do ser humano é positiva e esperançosa: a criança é vista como um gênio em potencial. O que aproxima a criança de Deus é sua infinita capacidade de aprender e criar. A aprendizagem e a superação pessoal são, para Moreno, mais importantes que as obras já prontas, que ele denominou pejorativamente *conserva cultural*. O psicodrama também não é uma obra terminada: cada psicodramatista e cada indivíduo que o experimenta podem convertê-lo em uma nova aventura.

MARÍA CARMEN BELLO e JAIME WINKLER

Referências bibliográficas

ANZIEU, Didier, *El psicodrama analítico en el niño*. Buenos Aires: Paidós, 1961.

BELLO, María Carmen. *Introducción al psicodrama: guía para leer a Moreno*. Cidade do México: Colibrí, 1999.

BELLO, María Carmen; WINKLER, Jaime. *¿Qué es el psicodrama?* Publicações da Faculdade de Psicologia da Unam, México, 1997.

BUSTOS, Dalmiro. *Psicoterapia psicodramática*. Buenos Aires: Paidós, 1975.

_____. *El test sociométrico: fundamentos, técnicas y aplicaciones*. Buenos Aires: Vancu, 1980. [*O teste sociométrico: fundamentos, técnicas e aplicações*. São Paulo: Brasiliense, 1979.]

_____. *Nuevos rumbos en psicoterapía psicodramática.*: Argentina: Momento, 1985.

BUSTOS, Elena Noseda de. "Psicodrama pedagógico con adolescentes". In: BUSTOS, Dalmiro. *El psicodrama, aportes a una teoría de los roles*. Argentina: Docencia/Proyecto Cinae, 1982.

FAIRBAIRN, Ronald D. *Estudio psicoanalítico de la personalidad*. Buenos Aires: Hormé, 1966. [*Estudos psicanalíticos da personalidade*. Rio de Janeiro: Interamericana, 1980.]

_____. In. Bustos, Dalmiro *et al. El psicodrama*. Argentina: Plus Ultra, 1975.

LEMA, Zito Vicente. *Conversaciones con Enrique Pichón-Rivière*. Buenos Aires: Editorial Cinco, 1985.

LIBERMAN, Arnaldo. *Retramatrização: uma proposta psicodramática*. Monografia para a obtenção do título de psicodramatista pela Federação Brasileira de Psicodrama, 1994.

MORENO, Jacob Levy. *Fundamentos de la sociometria*. Buenos Aires: Paidós, 1962.

_____. *Psicoterapia de grupo y psicodrama*. Cidade do México: Fondo de Cultura Económica, 1966.

MARÍA CARMEN BELLO

_____. *Psicodrama*. São Paulo: Cultrix, 1975.

MORENO, Zerka Toeman. "Reglas y técnicas psicodramáticas y métodos adicionales". *Revista Momento*, n. 2, 1974.

NOSEDA, Elena. "Taller de bioética clínica y psicodrama pedagógico". *Revista Momento*, n. 9, 1998.

PAVLOVSKY, E. "Historia de un espacio lúdico". In: *Espacios y creatividad*. Buenos Aires: Búsqueda, 1987.

PORTUGAL, Inés Cornejo. "Los hijos del asfalto. Una prospección cualitativa a los niños de la calle". *Convergencia: Revista de Ciencias Sociales*, ano 6, n. 19, maio-ago. 1999, p. 239-40.

ROMAÑA, María Alicia. *Construção coletiva do conhecimentos através do psicodrama*. Campinas: Papirus, 1992.

WINKLER, Jaime; BELLO, María Carmen. "Psicodrama y psicoanálisis: dos estrategias, ¿un mismo objetivo?". *Imagen Psicoanalítica*, ano 3, n. 4, 1994.

www.gruposummus.com.br

IMPRESSO NA
sumago gráfica editorial ltda
rua itauna, 789 vila maria
02111-031 são paulo sp
tel e fax 11 **2955 5636**
sumago@sumago.com.br